Cornelius Friedrichs

Ernährungs-Ratgeber

Cornelius Friedrichs

Ernährungs-Ratgeber

Folge Deinem Verstand und nicht falschen Empfehlungen der Lebensmittelindustrie

Bloggingbooks

Impressum / Imprint
Bibliografische Information der Deutschen Nationalbibliothek: Die Deutsche Nationalbibliothek verzeichnet diese Publikation in der Deutschen Nationalbibliografie; detaillierte bibliografische Daten sind im Internet über http://dnb.d-nb.de abrufbar.
Alle in diesem Buch genannten Marken und Produktnamen unterliegen warenzeichen-, marken- oder patentrechtlichem Schutz bzw. sind Warenzeichen oder eingetragene Warenzeichen der jeweiligen Inhaber. Die Wiedergabe von Marken, Produktnamen, Gebrauchsnamen, Handelsnamen, Warenbezeichnungen u.s.w. in diesem Werk berechtigt auch ohne besondere Kennzeichnung nicht zu der Annahme, dass solche Namen im Sinne der Warenzeichen- und Markenschutzgesetzgebung als frei zu betrachten wären und daher von jedermann benutzt werden dürften.

Bibliographic information published by the Deutsche Nationalbibliothek: The Deutsche Nationalbibliothek lists this publication in the Deutsche Nationalbibliografie; detailed bibliographic data are available in the Internet at http://dnb.d-nb.de.
Any brand names and product names mentioned in this book are subject to trademark, brand or patent protection and are trademarks or registered trademarks of their respective holders. The use of brand names, product names, common names, trade names, product descriptions etc. even without a particular marking in this works is in no way to be construed to mean that such names may be regarded as unrestricted in respect of trademark and brand protection legislation and could thus be used by anyone.

Coverbild / Cover image: www.ingimage.com

Verlag / Publisher:
Bloggingbooks
ist ein Imprint der / is a trademark of
OmniScriptum GmbH & Co. KG
Heinrich-Böcking-Str. 6-8, 66121 Saarbrücken, Deutschland / Germany
Email: info@bloggingbooks.de

Herstellung: siehe letzte Seite /
Printed at: see last page
ISBN: 978-3-8417-7139-1

Copyright © 2013 OmniScriptum GmbH & Co. KG
Alle Rechte vorbehalten. / All rights reserved. Saarbrücken 2013

Inhaltsverzeichnis

Vorwort	5
1. Einleitung	**9**
Gesundheit:	10
Zur Geschichte:	10
Alte Ernährungslehre:	10
Der richtige Weg:	11
Neue Ernährungslehre:	11
Denaturierung:	11
Wissenschaft und Medizin:	12
Nahrungstabelle: („Die Ordnung unserer Nahrung")	12
Lebensmittel:	13
Nahrungsmittel:	13
Die Industrie:	14
Vitalstoffraubende Nahrungsmittel:	14
Logistische Meisterleistung:	14
Fruchtsäfte:	15
Fabrikfette	15
Vollwertiges Pflanzeneiweiß	15
Tierisches Eiweiß ist unnötig	16
2. Persönliche Einleitung für Übergewichtige	**17**
Falsche Empfehlungen	19
"Ich tue doch alles, was mein Arzt sagt"	20
"Ich trinke doch jeden Tag 1 Liter gesunde Milch . . .	21
. . . und 2 Liter Vitaminsaft"	23
„Ich esse doch kaum noch Fett"	24
„Ich bin doch schon auf 800 Kalorien am Tag"	25
„Ich nehme nur noch kalorienfreies Stevia"	25
„Ich esse doch schon zweimal Seefisch in der Woche"	26
. . . und genug Proteine"	27

3. Das Leben ist wundervoll — 29
    Frischkorngericht — 31
    Rohkost als zweite Mahlzeit — 33
    Eine warme Mahlzeit, — 35
    Obst und Rohkost — 37

4. Was machen wir falsch? — 39
    Unser Verdauungssystem — 39
    Was ist eine Eiweißspeicher-Krankheit? — 43
    Welches sind Eiweißspeicher-Krankheiten? — 44
    Milch und Eiweißbedarf — 46
    Primaten haben keine Küche — 48
    Isolierte Nahrungsmittel — 50
    Fettsucht — 52
    Falsches Kaloriendenken — 54
    Denaturierung – Stevia — 55
    Diät macht krank — 57
    Wie gesund ist Butter? — 59
    Wie ungesund ist Margarine? — 62
    Wie viel Trinken ist gesund? — 64
    Unser täglich Brot — 66
    Energiespender Zucker — 68
    Warum tiereiweißfrei? — 71
    Lebendige Vollwertkost — 74
    Die Fetthysterie — 77

5. Sondermüll in der Nahrung — 79
- Giftiges Aluminium — 79
- Jod und Fluor (Sondermüll) — 82
- Speisesalz oder NaCl? — 85
- Süßes Gift — 88
- Sonstige Gifte — 91
- Mikrowelle/Induktion — 94
- Unsichere Gentechnik — 97

6. Wie ernähren wir uns richtig? — 99
- 10.000 Jahre Getreide — 99
- Hülsen und Nüsse — 100
- Frischkorngericht — 103
- Frischkost — 108
- Kochen und Backen verboten? — 111
- Tipps zum Einkaufen — 113

7. Rezepte für Anfänger und Phantasielose (Also für 2 Personen) — 115
- Gemüsegerichte — 117
- Gemüsepfanne: — 117
- Kartoffelgerichte — 118
- Kartoffelrösti: — 119
- Kartoffel-Gemüse-Auflauf: — 120
- Getreidegerichte — 121
- Reisauflauf: — 121
- Pikante Haferspeise: — 122
- Suppen — 123
- Blumenkohl-Cremesuppe: — 124
- Soßen — 125
- Salatsoße mit Zitrone: — 125
- Salatsoße mit Sahne: — 125

8. Schlusswort — 126

Vorwort

Ich zeige Ihnen, wie Sie ernährungsbedingte Zivilisationskrankheiten vermeiden und ganz automatisch Ihr Idealgewicht erreichen und dieses auf Dauer behalten können. Ihre Gesundheit und Ihr Wohlbefinden entscheiden, wann Sie Ihr Ziel erreicht haben. Sie müssen weder rechnen, noch müssen Sie wissen, welche Nährstoffe die Lebensmittel enthalten.

Sie erfahren in diesem Buch, warum meine Vorstellungen einer richtigen Ernährung von den allgemein üblichen Empfehlungen abweichen. Meine Empfehlungen bauen auf den praktischen Beobachtungen am Patienten auf, die der Arzt Dr. med. M. O. Bruker (GGB) sein Leben lang gesammelt und in vielen Büchern dokumentiert hat. Ärzte, wie Dr. Bircher-Benner und Ernährungswissenschaftler Prof. Werner Kollath haben schon früh erkannt, dass die natürlichen Stoffwechselvorgänge im lebendigen Organismus nicht im Labor nachgestellt werden können.

Allein schon die Tatsache, dass ernährungsbedingte Krankheiten erst durch jahrzehntelange Falschernährung in Erscheinung treten, macht eine gutachterliche Beurteilung im Labor unmöglich. Bereits aufgetretene Schäden sind in den meisten Fällen nicht mehr Rückgängig zu machen. Doch lassen sich die meisten Krankheiten durch Umstellung auf eine natürliche Ernährung und Vermeidung jeglicher Fabriknahrung zumindest stoppen.

Die Schulmedizin konnte damals nicht die Ursache meines Bluthochdrucks zu finden. Das hat mich zur Ausbildung zum Ernährungsberater geführt. Denn vereinfacht will das Herz mit einem erhöhten Blutdruck Versorgungslücken der Organe vermeiden, die durch Engpässe im körpereigenen Verkehrsnetz der Blut- und Kapillargefäße, entstehen.

Somit war ich gezwungen, selbst nach einer Lösung zu suchen. Ich habe einige Bücher gelesen, die mich schließlich dazu brachten, selbst nach diesen Anleitungen eigene Ernährungsexperimente an mir durchzuführen. Mit einer Saftpresse habe ich mir selbst vitaminreiche Getränke zubereitet *(einen großen Teil der wichtigen Nährstoffe warf ich als Trester auf den Kompost).* Dazu habe ich viel Vollkornprodukte und rohes Gemüse gegessen.

Nach zwei Wochen bin ich dann wegen zu niedrigen Blutdrucks zusammengebrochen, denn meine Tabletten zur Blutdrucksenkung hatte ich weiter genommen, danach jedoch nie wieder. Von meinen Bekannten bekam ich dann nur noch mitleidige Blicke, weil ich nach drei Monaten mit 15 Kilogramm weniger auf der Waage mein gesamtes Übergewicht, verloren hatte. Ich fühlte mich zwar gesünder und hatte keine Probleme mehr mit dem Blutdruck, aber nach meinem Aussehen war ich etwa 20 Jahre gealtert.

Mit meiner Ernährung war ich offensichtlich noch nicht auf dem richtigen Weg. So entschloss ich mich, eine Ausbildung zum Ernährungsberater zu absolvieren

Leider stieß ich auch dort auf viele Widersprüche. Ich lernte nebenbei aus vielen Büchern, dass einseitige wissenschaftliche Erkenntnisse und im Labor erstellte Studien nichts mit einer natürlichen Ernährung mit vitalstoffreicher und lebendiger Nahrung zu tun haben. Immer öfter stehen diese wissenschaftlichen Erkenntnisse im krassen Gegensatz zu jahrelanger ärztlicher Beobachtungen am Patienten selbst. Beweiskräftige praktische Erfahrungen und Heilungserfolge mit nährstoffreicher Ernährung bei angeblich unheilbaren Erkrankungen werden von der Schulmedizin als nicht wissenschaftlich abgelehnt.
Letztendlich hatte ich nach meinem Abschluss als Ernährungsberater mehr offene Fragen als Lösungen. So besuchte ich noch zwei Seminare bei der Gesellschaft für Gesundheitsberatung(GGB) in Lahnstein. Erst dort bekam ich einen allgemeinen, verständlichen Einblick in die tatsächlichen Stoffwechselvorgänge im menschlichen Körper und über eine wirklich sinnvolle, gesunde und vitalstoffreiche Kost, die uns vor Krankheiten schützen kann.

Ich frage mich, wie kann eine Wissenschaft sich einseitig auf kurzfristige Laboruntersuchungen stützen und langfristige Beobachtungen zum Beispiel des Dr. med. M. O. Bruker an tausenden Patienten als „nicht wissenschaftlich" ablehnen. Wissenschaft wird doch erst zu einer, wenn alles zur Verfügung stehende Wissen zusammengeführt wird. Das Wissen von einer Person oder Institution kann noch nicht als Wissenschaft bezeichnet werden. Die ernährungsbedingten Zivilisationskrankheiten mit einer Inkubationszeit von Jahrzehnten können im Labor gar nicht nachvollzogen werden. Es werden sogar Geschichten von altersbedingten Krankheiten, *„Verschleißerscheinungen"* sowie *„genetisch bedingten Veränderungen"* als Krankheitsursachen dargestellt, um Pharmakonzerne und Schulmedizin als „wissenschaftliche Gurus" zu schützen.

Bei der Unzahl der heute angeblichen genetisch bedingten Krankheiten scheint plötzlich die ganze Evolutionstheorie wie ein Kartenhaus zusammengestürzt zu sein. Wildlebende Tiere werden viel weniger krank, weil sie sich instinktiv richtig ernähren und wissen, wie sie bei Unpässlichkeiten durch Fasten ihre Befindlichkeit verbessern oder sich mit bestimmten Pflanzen versorgen müssen, um zu genesen.

Schulmediziner selbst haben festgestellt, dass sich alle Körperzellen bei den Tieren, Menschen gehören dazu, innerhalb weniger Jahre immer wieder erneuern, wie kann es denn dabei Verschleißerscheinungen geben, wie Arthrose oder Osteoporose?

Was Schulmediziner als altersbedingte Erkrankungen bezeichnen, sind in Wirklichkeit durch jahrzehntelange falsche Ernährung entstanden. Es gibt ganze Völker, deren Mitglieder über hundert Jahre alt werden und keine dieser Krankheiten überhaupt kennen, wie zum Beispiel die Hunza, die im Himalaja in einer Höhe von über 5000 Metern lebten, bis sie endgültig von der Zivilisation eingeholt wurden.

Unsere Wirtschaftsdiktatur ist inzwischen so mächtig geworden, dass Pharmakonzerne, die Schulmedizin und die Lebensmittelindustrie(DGE) im Bereich Ernährung ihren Einfluss überall einbringen: Dazu gehören Universitäten, Hochschulen, Lebensmittelerzeuger, Werbung, Medien und

sogar das Bundesministerium für Ernährung sowie Regierungen. So verbreiten auch die meisten Ernährungsberater und sogar Diplom-Ökotrophologen nur das, was in den von einseitiger „Wissenschaft" durchsetzten Institutionen gelehrt wird:
„Die DGE (Deutsche Gesellschaft für Ernährung seit 1953) trägt ernährungswissenschaftliche Forschungsergebnisse zusammen und stellt sie in einer Dokumentation zur Verfügung" (Zitat der DGE). Deren weit verbreiteten Empfehlungen kennen wir.

Als Ernährungsberater kann ich Ihnen nur helfen, wenn Sie die Zusammenhänge verstehen, die zu einer falschen Ernährungslehre geführt haben. Sonst glauben Sie heute mir und morgen wieder einem Anderen. Nur wer nichts weiß, muss alles glauben. Darum bitte ich meine lieben Leser, ihr Wissen zu erweitern und selbst im Internet und Bibliotheken sehr kritisch nach wahren Antworten zu suchen. Denn wir haben alle unseren meist noch gesunden Menschenverstand, der uns von den Tieren unterscheidet, um eine Auswahl zu treffen, was wir für richtig oder falsch halten.

Ich erkläre Ihnen auf meinen Seiten, wie Sie mit mehr Fett statt Proteinen auf gesunde Art und Weise mit vitalstoffreicher Kost und ohne krankmachende Diät Ihr Idealgewicht erreichen und halten können.

Wenn es in meinen Kapiteln teilweise zu Wiederholungen kommt, so ist dies beabsichtigt und hilft Ihnen beim Verständnis. Falls Sie mein Buch als Lehrstoff annehmen, werden Sie es ohnehin mehrmals lesen.

Wenn Sie mehr über meine Ernährungsweise wissen wollen, so empfehle ich Ihnen die Bücher von Dr. med. M. O. Bruker, der sein Leben lang als Internist mit dieser natürlichen Ernährungsweise Erfahrungen an seinen Patienten gesammelt hat.

In seinen Büchern erfahren Sie alles über Ursachen, Verhütung und Heilbarkeit ernährungsbedingter Zivilisationskrankheiten. Oder wenden Sie sich direkt an die Gesellschaft für Gesundheitsberatung e.V. in Lahnstein.

1. Einleitung

Erstmals 1948 hat Dr. Lothar Wendt das Konzept der Eiweißspeicherkrankheiten publiziert und auch schon damals vor zu viel Eiweiß im Körper gewarnt . . . *weiter auf Seite 20 !*

Dieses Buch klärt auf !

Ich werde die Zusammenhänge erklären, warum wir mit "gesunder Ernährung", wie sie allgemein propagiert wird, kaum einen Schritt in Richtung „Allgemeine Gesundheit" weiterkommen und warum es uns so schwer fällt, unser Idealgewicht zu erreichen und zu halten. Und bitte glauben Sie mir kein Wort. Arbeiten Sie mit, werden Sie Ihr eigenes Versuchskaninchen und lernen Sie, Ihren eigenen Körper kennen zu lernen und zu verstehen.

Es wird Ihnen nicht helfen, mir zu glauben und morgen wieder einem Anderen. Dann weiß ein Heilpraktiker es besser oder ein Arzt. Wir haben vergessen, warum Kinder so nervig sind mit dem ständigen Fragen nach dem Wieso, Warum, Weshalb und haben selbst vergessen diese wichtigen Wörter zu verwenden. Benutzen Sie Ihren eigenen Verstand und fragen Sie, lesen Sie, stellen Sie Nachforschungen an: in Büchereien und Internet.

Es geht hier nicht um Übergewicht und Abnehmen, sondern um eine Ernährung, die dem menschlichen Körperbau und seiner Funktionsweise gerecht wird. Mit diesem Wissen werden Sie nicht von heute auf morgen Ihr Idealgewicht erhalten. Aber wenn Sie wissen, warum und vor allem in welcher Art und Weise Sie sich ernähren müssen, brauchen Sie keine Waage, kein Metermaß und auch keinen Spiegel. Sie werden sich besser fühlen und alles andere wird sich ganz automatisch einstellen.

Sie müssen keine Vegetarier werden um sich gesund zu ernähren, aber es wäre zumindest im Krankheitsfall hilfreich, vorübergehend auf Fleisch, Fisch, Eier sowie auf Milchprodukte zu verzichten.

Ist Ihnen schon mal aufgefallen, dass die größten Muskelprotze in der Tierwelt Vegetarier sind?

Elefanten, Nashörner, Nilpferde, Gorillas . . .

Gesundheit:

Nach Umfragen ist den meisten Menschen die Gesundheit das wichtigste im Leben. Für Viele ist sie jedoch etwas so Selbstverständliches, dass sie erst bei einer Erkrankung merken, wie wichtig ihnen ihre Gesundheit wirklich ist. Aber niemand weiß eigentlich genau, wie er sich ernähren muss, um die volle Gesundheit wirklich zu erreichen. In keinem anderen Wissensgebiet sind die allgemein zugänglichen Informationen dermaßen widersprüchlich, wie gerade beim Thema „Gesunde Ernährung". Was ist der Grund dafür?

Zur Geschichte:

Bis Ende des 19. Jahrhunderts gab es zum Glück noch keine Kenntnisse über Kalorien sowie die Unterteilung der Lebensmittel in Fett, Eiweiß und Kohlenhydrate. Man konnte damals auch nur das essen, was der Bauer auf dem Feld anbaute. Das Angebot an Fleisch war gering und teuer und stand vorwiegend nur zu festlichen Anlässen oder mal am Wochenende auf dem Tisch.

Alte Ernährungslehre:

Doch warum hat sich das in den letzten Jahrzehnten so dramatisch verändert? Man möchte meinen, dass die Wissenschaft Fortschritte gemacht hat und dass dies nicht der Grund sein könne. Doch im Gegenteil, man entwickelte eine Ernährungslehre, indem man Lebensmittel chemisch auf ihre Inhaltsstoffe untersuchte und die oben genannten drei Grundnährstoffe festlegte. Wer genug davon isst und damit einen bestimmten Brennwert in Kalorien zu sich nimmt, hat damit die Grundlage einer vollwertigen Ernährung erreicht. Andere wichtige Nährstoffe wurden einfach außer Acht gelassen.

Der richtige Weg:

Wenig später hat man dann erkannt, dass außer den drei Grundnährstoffen Fett, Eiweiß und Kohlenhydrate, noch andere Nährstoffe nötig waren, die heute als Vitalstoffe zusammengefasst werden: Mineralstoffe wie Calcium, Eisen, Kalium, Magnesium usw., wasser- und fettlösliche Vitamine, Enzyme(in lebenden Zellen gebildete Stoffe), ungesättigte Fettsäuren, Aroma- und Faserstoffe sowie Spurenelemente. Nur wenn alle Vitalstoffe ausreichend und im richtigen Verhältnis zueinander zur Verfügung stehen, ist die Nahrung vollwertig und volle Gesundheit möglich.

Neue Ernährungslehre:

Diese Erkenntnisse hat der Schweizer Arzt Bircher-Benner als Grundlage für eine neue und zeitgemäße Ernährungslehre geschaffen. Diese wurde vom bekannten Ernährungsforscher Prof. Werner Kollath wissenschaftlich untermauert. Danach wird der gesundheitliche Wert der Nahrung nicht mehr in Kalorien und Nährstoffgehalt bemessen, sondern nach ihrer biologischen Verwertbarkeit im menschlichen Organismus.

Denaturierung:

Mit dem Satz: „Lass deine Nahrung so natürlich wie möglich !" hat Prof. Werner Kollath diese Neue Ernährungslehre auf den Punkt gebracht. Leider werden die Vitalstoffe in unseren Lebensmitteln durch menschliche Eingriffe immer mehr verändert und zerstört. Durch Erhitzung, Konservierung und Präparierung verlieren unsere Lebensmittel immer mehr an biologischem Wert und bescheren dem Menschen statt Gesundheit, nur viele ernährungsbedingte Zivilisationskrankheiten.

Was helfen genetisch veränderte und gegen Schädlinge resistente Pflanzen, die äußerlich gesehen zwar gesund sind, aber wegen Zerstörung aller lebendigen Vitalstoffe im Inneren, als Nahrung keinen biologischen Nutzen mehr haben. Lieber satt und krank ?

Wissenschaft und Medizin:

Wissenschaftliche und kurzfristig im (Chemie-)Labor erstellte Gutachten stehen höher im Kurs, als über Jahrzehnte geführte Beobachtungen am Patienten. Damit werden Krankheiten mit einer Anlaufzeit von Jahrzehnten nicht mehr in Zusammenhang mit jahrelanger falscher Ernährung gebracht.

Auch die Schulmedizin ist nicht bereit, die eigentliche Ursache in einer falschen Ernährung anzuerkennen. Stattdessen werden solche Erkrankungen fälschlicherweise als altersbedingt oder sogar wie bei einer Maschine als Verschleißerscheinungen angesehen. Somit wird auch nach einer anderen Ursache gar nicht mehr gesucht.

> Wussten Sie, dass laut Statistik der Barmer Ersatzkrankenkasse im Jahre 2008 in Deutschland 208.000 neue Hüftgelenke und 168.000 neue Kniegelenke als Erstimplantationen eingesetzt wurden und das vorwiegend wegen ernährungsbedingter Arthrose? Viele Schmerzen und Kosten von 2,5 Mrd € hätten bei richtiger Aufklärung vermieden werden können.

Doch die Lebensmittelindustrie (DGE) schweigt dazu und die Pharmakonzerne verdienen an diesen Operationen.

Nahrungstabelle: („Die Ordnung unserer Nahrung")

Nach Prof. Werner Kollath wird unsere Nahrung heute zwei Gruppen zusammengefasst: Lebensmittel, die noch „lebendig" und zur Erhaltung der Gesundheit unentbehrlich sind und Nahrungsmittel, die hingegen mehr oder weniger „tot" sind und für die Gesundheit nicht ausreichen. Zu den Lebensmitteln gehören unerhitzte Pflanzenkost, rohe Milch- und Fleischprodukte sowie kaltgepresste Öle. Zu den Nahrungsmitteln zählen alle erhitzte Fleisch-, Milch- und Pflanzenprodukte, sowie konservierte, präparierte und künstliche Erzeugnisse.

Lebensmittel:

In der ersten Spalte der Tabelle gehören alle _unverändert natürlichen_ Lebensmittel, wie frisches Obst und rohes Gemüse, rohe Milch und Quellwasser. Dann folgt die Spalte der _mechanisch veränderten_ Lebensmittel, dazu gehören Schrot und Vollkorn-Mehl aus Getreide, Obst- und Gemüsesäfte, kaltgepresste Öle, Butter und Sahne. In der dritten Spalte stehen alle _fermentativ veränderte_ Lebensmittel, wie Hefe, rohe Breie aus Vollkorn, sowie Frischkornbreie, Gärsäfte und Gärgemüse(Sauerkraut), Tartar und Schabefleisch, Quark und Käse aus Rohmilch, sowie Gärgetränke Most, Wein und Bier.

Nahrungsmittel:

Die erste Spalte der zweite Gruppe enthält _erhitzte_ Nahrungsmittel, wie Gebäcke und Brot aus Vollkorn, gekochte Vollkornbreie, gekochtes Obst und Gemüse, Fisch, Fleisch, gekochte Milch und Produkte daraus sowie Extrakte, Tee und Brühe. Dann folgen _konservierte_ Nahrungsmittel, wie Dauerbackwaren aus Vollkorn(Knäckebrot, Vollkornnudeln), Frucht- und Gemüsekonserven, Tierkonserven und Wurst sowie Milchkonserven, wie H-Milch und H-Sahne.

Die ungesundeste Spalte gehört den _Präparaten_: pflanzliche Präparate und Fabrikfette, wie raffinierte Öle, Margarinen und Eiweißpräparate, alle Fabrikzuckerarten, Auszugsmehle und Produkte daraus wie Stärke, Gries, Nudeln; geschälter(weißer) Reis und jede Art von Nahrungsergänzungen. Es ist schon fast verantwortungslos, dass gerade Säuglingsnahrung und Trockenmilchprodukte in dieser Spalte angeordnet sind. Als Getränke wären noch Destillate zu erwähnen, wie künstliches Mineralwasser und Branntwein.

Imitate und genmanipulierte Erzeugnisse gehören zwar auch in diese letzte Spalte, aber ich bin der Meinung, dass diese Produkte in der Nahrung absolut nichts mehr verloren haben. Genveränderte Pflanzen mögen vielleicht die gleiche chemische Zusammensetzung haben, sind jedoch von der biologischen Wertigkeit absolut tot und haben keinen Gesundheitswert mehr.

Die Industrie:

Das Festhalten an der alten Ernährungslehre hat die Herstellung von zahlreichen Fabrikpräparaten zur Folge, weil man der Meinung war, dass gerade die Nährstoffe in konzentrierter(*aber vitalstoffarmer*) Form zur Gesunderhaltung besonders wichtig wären. Dies führte zur Entstehung einer mächtigen profitgierigen Nahrungsmittelindustrie mit ihren marktschreiernden Fehlinformationen einerseits, andererseits bescherte uns dies die zahlreichen ernährungsbedingten Zivilisationskrankheiten von heute, die es vor einhundert Jahren kaum gab.

Vitalstoffraubende Nahrungsmittel:

Auszugsmehle sind Getreidearten, denen man vor dem Mahlvorgang den ölhaltigen Keim und die Randschichten entfernt hat, damit sie unbegrenzt haltbar bleiben. Erst später stellte sich heraus, dass damit den Mehlen fast alle lebensnotwendigen Vitalstoffe entzogen wurden.

„Sie haben gewonnen", nämlich aus 1,5 bis 2 Kilogramm Zuckerrübe oder Zuckerrohr gerade mal 100 Gramm *Fabrikzucker,* dem im Raffinade-Prozess alle Vitalstoffe geraubt wurden. Alle Fabrikzuckerarten sind reine künstliche Konzentrate, dazu gehören alle –Zucker, -Sirup, -Malz, Dicksäfte, Melasse, Frutilose, Sucanat, Maltodextrin und andere. Selbst die „Wundersüße" Stevia wird fabrikatorisch raffiniert.

Logistische Meisterleistung:

Es ist schon eine logistische Meisterleistung, wie die Natur jedem gesunden Lebensmittel wirklich alle notwendigen Vitalstoffe, die der Organismus zur Verarbeitung benötigt, gleich mitliefert. Um so unverständlicher ist die *zerstörerische Genialität des Menschen*, mit der er diese Lebensmittel zu einem abgewerteten *isolierten Krankmacher* verwandelt. Gerade die Vitalstoffe sind es, die dem Organismus zur Verarbeitung des Isolats fehlen und dem Körper noch entzogen werden.

Fruchtsäfte:

Selbst die ganzen Säfte, die im Supermarkt angeboten werden und als wichtige Vitaminversorger angepriesen werden, sind in Wahrheit wieder nur raffinierte Isolate, die lange nicht mehr den aufgedruckten Vitamingehalt der ganzen Früchte beinhalten. Das heißt, ein Saft kann gar nicht mehr alle essbaren Anteile der ganzen Frucht enthalten und sind folglich auch weniger gesund als diese.

Fabrikfette:

Es sind die Fette, die durch fabrikatorische Raffination gewonnen und verarbeitet wurden. Statt einer kalten Pressung wurde das Pflanzenöl durch Hitzeeinwirkung oder/und chemische Extraktion in ein denaturiertes Produkt verwandelt.

Bei der Margarine hat man sogar durch fabrikatorische Hydrierungsprozesse und zusätzliche Fetthärtung nicht nur Vitamine vernichtet, sondern darüber hinaus, gesunde ungesättigte Fettsäuren in gesättigte verwandelt und die Erzeugung gefährlicher Transfettsäuren in Kauf genommen. Gleichzeitig haben die Margarinehersteller die gesunde natürliche Butter wegen des angeblich gefährlichen Cholesteringehalts verteufelt.

Vollwertiges Pflanzeneiweiß:

Nach der alten Ernährungslehre wurde tierisches Eiweiß empfohlen, weil dies im Gegensatz zum Pflanzeneiweiß alle notwendigen Aminosäuren enthält. Es hat sich jedoch herausgestellt, dass die Leber die tierischen Eiweiße nicht mehr aufspaltet, weil in diesen Eiweißen schon alle essentiellen Aminosäuren enthalten sind.

Der Clou an der Sache ist, dass pflanzliche Eiweiße zwar niemals alle Aminosäuren gleichzeitig enthalten, jedoch die des Getreides und Gemüses sich in hervorragender Weise ergänzen. So spaltet die Leber diese Eiweiße in ihre Bestandteile auf und setzt sie für den Organismus genau so zusammen, wie er sie braucht. Für diese Perfektion ist es unerlässlich, dass zumindest ein Teil dieser Eiweiße in roher Form genossen wird.

Tierisches Eiweiß ist unnötig:
Damit, dass der Mensch im Allgemeinen nicht in der Lage ist, Fleisch und Fisch roh zu verzehren, ist das Eiweiß darin immer erhitzt. Das heißt es wurde vor dem Verzehr gekocht, gebraten, gegrillt, gedünstet, frittiert, geräuchert oder sogar mit Mikrowellen behandelt und damit in einer unnatürlichen Art denaturiert.

Jeder Fleischfresser, nimmt seine Nahrung in rohem, unerhitztem Zustand zu sich. Damit der Mensch genügend unerhitztes Eiweiß zu sich nehmen kann, muss es aus dem Pflanzenreich stammen. Wer genügend Obst, Gemüse und Getreide in unerhitzter Form verzehrt, braucht sich um seinen Eiweißgehalt keine Gedanken mehr machen.

2. Persönliche Einleitung für Übergewichtige

Können Sie sich überhaupt noch vorstellen, wie ein Kind mit dem Mountain-Bike durch das Gelände zu jagen oder eine Treppe mit zwei oder drei Stufen auf einmal hochzusprinten, einfach nur aus Spaß ?

Oder sehen Sie gelegentlich junge Hunde, Säugetiere wie wir, die auf einer Wiese herumtoben, sich vor Freude überschlagen und mit hängender Zunge gar nicht genug kriegen können, sich zu bewegen ?

Und jetzt ? Sehen Sie sich an !

Ihr Spiegel ist schon vor einigen Jahren aus Angst vor Ihnen zersprungen. Der Zeiger Ihrer Waage hat sich mittlerweile zu einer Spirale gekrümmt. Und bei jedem Gebäude, das Sie betreten suchen Sie zuerst nach der Rolltreppe oder dem Aufzug. Ihr Fahrrad ist verrostet oder bereits entsorgt und beim Autokauf ist Ihre erste Frage, wie kann ich den Sitz weiter nach hinten schieben ?
Bekommen Sie manchmal noch Bauchschmerzen vor Lachen oder haben Sie es wegen auftretender Seitenstiche schon aufgegeben ?

Sehen Sie Ihr Leben wirklich noch als normal an ? Ich könnte jetzt Fragen, „Was ist aus Ihnen geworden ?" Aber die Frage sollte besser heißen: „Was haben Sie aus sich werden lassen ?" Machen Sie es Sanitätern und Sargträgern doch nicht so „schwer" und achten Sie mehr auf Ihren Körper. Sorgen Sie dafür dass Kranken- und Altenpfleger sich sinnvolleren Aufgaben zuwenden können.

Und jetzt kommen Ihre Argumentationen, die vorwiegend darauf beruhen, anderen die Schuld an allem zu geben. Darum werde ich im Anschluss auf diese falschen Empfehlungen noch im Einzelnen eingehen und erläutern, warum diese falsch sind und aufgrund welcher Ursachen es zu diesen Empfehlungen kommen konnte:

Anmerkung zum folgenden Kapitel:
*fassen Sie das bitte nicht als Beleidigung auf. Ich kenne Sie gar nicht und weiß auch nicht, ob sie ein solcher Mensch sind, der endlich geweckt werden muss. Es soll aber in aller Deutlichkeit gesagt werden, **warum** wir alle unter diesen Zivilisationskrankheiten leiden, die keiner von uns gebrauchen kann.*

Halllloooo !

Was haben sie dort zwischen Ihren Schultern oder oben auf Ihrem Hals ? Das ist nicht nur ein Halter für Brille, Hörgeräte und Kopfhörer, oder Behälter für Dritte Zähne ! Das ist **Ihr** Regierungssitz, das ist **Ihr** Gehirn, in **Ihrem** Kopf. **Ihr** Verstand hat das Sagen, was mit **Ihrem** Körper passiert und kein Anderer.

Aber verwechseln sie es nicht: *Hunger* entsteht **nur** im Bauch, *Appetit* **nur** im Gehirn. Die Uhr hat zwar Zeiger, aber zeigt Ihnen damit nicht, wann Sie Nahrung brauchen, sie kann es nicht wissen !.

Sie verhalten sich wie ein Hammel in der Herde und merken es schon gar nicht mehr. Ihr Gehirn ist dermaßen eingerostet, dass Sie schon jedem dahergelaufenen Dümmling glauben, was er sagt und das Sie sogar noch genauso an Ihre Mitmenschen weitergeben. Warum glauben Sie mir nicht ? Sie glauben doch jedem Anderen ! Und das ist Ihr Problem ! Sie können gar nicht mehr unterscheiden, was falsch und was richtig ist. Sie haben in Ihrer Engstirnigkeit vergessen, Dinge zu hinterfragen, womit Sie als Kind Ihren Eltern schon auf den Wecker gegangen sind.

Es gibt einige Zauberwörter, die Sie auf den richtigen Weg bringen können, zum Beispiel:

WIE, WARUM, WESHALB
oder etwas aggressiver:
GLAUBE ICH NICHT, ERKLÄREN SIE MIR DAS,
WO KANN ICH DAS NACHLESEN ?

Wissen Sie eigentlich, dass Sie bisher alles falsch gemacht haben? Wenn Sie mal darüber nachdenken, wie Sie sich jetzt fühlen, wie Sie jetzt aussehen und wie Ihr Leben tagtäglich abläuft. Wie oft wünschen Sie sich, noch einmal wie ein Kind, so wie damals, herumtoben zu können, so gesund und so voller Energie zu sein?

Sie haben sich im Wahrsten Sinne des Wortes „kaputtgewirtschaftet".

Vorwiegend durch falsche Empfehlungen anderer Menschen.

Falsch – Falsch – Falsch (Falsche Empfehlungen!)

Sie selbst haben keine Gegenfragen gestellt, Ihr Leben lang. Wenn immer andere die Schuld hätten, wären Sie ja völlig machtlos jemals etwas zu ändern. Aber wenn Sie die Fehler selbst gemacht haben, geben Sie´s doch zu, dann hätten Sie selbst diese Fehler auch vermeiden können.

Das ist jetzt zu spät, sie kennen sich besser als jeder andere. Sie können alte Fehler nicht wieder rückgängig machen. Aber Sie können es ab jetzt besser und richtig machen. Beginnen Sie, alles, was ich schreibe erst einmal in Frage zu stellen und glauben Sie mir nicht einfach blindlings. Sehen Sie mein Buch nur als Wegweiser zum richtigen Ziel.
Wenn jemand den Werbeslogan auf Plakate schreibt:

„Natürliche Nahrung für alle: Esst den Dünger von Kühen, Millionen Fliegen können sich nicht irren!"

wird sicher keiner folgen, aber ist der Slogan eigentlich viel anders, als die täglichen wissenschaftlich hinterlegten Slogans, die wir tagtäglich in der Werbung sehen, die sogar in Universitäten gelehrt werden und aus Regierungskreisen abgesegnet werden?

Jeder unterzieht sich selbst immer wieder diesen ungeheuren und nur der Lebensmittelindustrie und den Pharmakonzernen dienlichen Gehirnwäschen.

Lernen Sie lieber zu unterscheiden, was dient meiner Gesundheit und was dient mehr dem Profit der sowieso schon reichen Wirtschaftsbossen.

Jeder kennt diese ganze Werbeflut schon auswendig und solange keiner hinterfragt, wird in dieser Wirtschaftsdiktatur alles geglaubt. Immer nach dem Motto: „Millionen Fliegen können sich nicht irren !"

Merke: *Die Anzahl der Gläubigen sagt nichts über den Wahrheitsgehalt einer Sache aus.*

Ihre Fehler in der Vergangenheit, haben Sie dorthin gebracht, wo sie jetzt stehen. Glauben Sie jetzt immer noch, dass Sie sich weiterhin nach diesen alten Empfehlungen ihres Arztes richten sollten ?

„Ich tue doch alles, was mein Arzt sagt"

Und stellen Sie sich vor, er hat als Junge den Berufswunsch gehabt, Arzt zu werden, um anderen Menschen zu helfen, gesund zu werden und zu bleiben. Er tat alles daran dieses Ziel zu erreichen, und ihm war es völlig egal, sich als Streber unbeliebt zu machen und schaffte sein Abitur mit Bestnoten.

Auf der Uni stellte er fest, dass er trotz Arbeit als Kellner für die Studiengebühren einen Kleinkredit aufnehmen musste. Kein Problem, er verdient später gut. Bis er sein Doktordiplom hatte, konnte er sich als Assistenzarzt gerade seinen Unterhalt und eine Wohnung leisten. Dann wollte er eine Arztpraxis eröffnen.

Da er selbst noch kein Geld verdient hatte, um Rücklagen zu bilden und sein Kleinkredit noch offen stand, kam wiederum nur ein Kredit von einer Pharmafirma in Frage, die gleichzeitig den Kleinkredit mit übernahm, wenn er im Gegenzug vorzugsweise deren Produkte verschreibt und im Zweifel lieber eine teure Operation vorschlägt. Damit kam dann das große Erwachen. Er hatte nicht nur einen Großteil seines Wissens von den Pharmakonzernen gelernt, er musste sich auch noch an eine Pharmafirma verkaufen.

Glauben Sie jetzt tatsächlich, dass dieser völlig überschuldete junge Arzt, Sie nach irgendwelchen Ernährungsregeln, die er auf der Uni gar nicht gelernt hat, behandeln kann. Ständig flattern einem Arzt Infos von Lebensmittel- und Pharmakonzernen ins Haus, um ihn auf den „richtig" falschen Weg zu bringen.

Glauben Sie, dass ich mit dieser Geschichte völlig falsch liege, oder ist es eher wahrscheinlich, dass es sich so oder ähnlich abspielt?

Vielleicht arbeitet der Arzt noch mit einem Diplom-Ökotrophologen zusammen, einem auf der gleichen Uni ausgebildeten „Ernährungswissenschaftler". Das Ergebnis sehen Sie in den allgemeinen Ernährungs-Empfehlungen. Der Arzt steckt in einer Entwicklung fest, aus der er ohne Hilfe der Pharmakonzerne kaum noch herauskommt.

Wachen Sie endlich auf! Wir leben in einer Wirtschaftsdiktatur!

In unserer Wirtschaft haben, in jedem Bereich für sich, die entsprechenden Großkonzerne das Sagen. Diese bestimmen, was wir lernen, was wir glauben und was wir denken sollen. Die senden sogar ihre eigenen Mitglieder in die Politik, wo sie in den Ministerien, z.B. für Gesundheit dafür sorgen, dass auch dort der Wind aus der richtigen Richtung weht.

„Ich trinke doch jeden Tag 1 Liter gesunde Milch…"

Ernährungsempfehlungen kommen größtenteils von der Lebensmittelindustrie, vertreten durch die DGE, Deutsche Gesellschaft für Ernährung, mit der Aufgabe die Absatzmärkte anzukurbeln. „Trinken Sie 3 Liter am Tag!" Was glauben Sie warum?

Die Getränkeindustrie lebt davon und braucht Umsatz: 3 Liter neben der ganzen Nahrung, mit der Sie doch schon mindestens $1 - 1^{1}/2$ Liter Flüssigkeit aufnehmen sind zu viel. Ihre Nieren sind doch keine Siebe, die einfach nur gespült werden müssen.

Haben Sie sich einmal gefragt, warum Sie Durst bekommen ? Dieses Gefühl sagt Ihnen, wann Sie trinken müssen. Ohne Durst brauchen Sie auch nichts zu trinken. Langfristig schädigen Sie mit übermäßig viel Flüssigkeit nur Ihre Nieren.

Milch ist kein Getränk, sondern Nahrung für den Säugling und dann nur Milch der eigenen Art. In der menschlichen Muttermilch sind 2 bis 2,5% Eiweiß für den Aufbaustoffwechsel enthalten, ein Erwachsener braucht für den Erhaltungsstoffwechsel weniger Eiweiß in seiner Nahrung.

Die Kuhmilch enthält bis zu 3,5% Eiweiß. Diese Menge Eiweiß sorgt für eine Übersäuerung des Körpers. Damit dies nicht passiert, braucht er mehr Kalzium als mit der Milch zugeführt wird. Für dieses akut aufgetretene Problem löst der Körper das in den Knochen vorhandene Kalzium.
Weil der Mensch aber nicht nur Milch trinkt, sondern auch Milchprodukte mit hohem Eiweißanteil zu sich nimmt, kommt es zu einem dauerhaften Kalziumabbau und ist somit langfristig die Ursache für die abnehmende Knochendichte und –Stabilität.

Ein weiteres ernstzunehmendes Problem entsteht bei Kindern und Jugendlichen, die nach der Stillzeit weiterhin die angeblich „gesunde Milch" und Milchprodukte zu sich nehmen. Milch enthält Wachstumshormone, die gerade im Entwicklungsstadium dieser Altersgruppe zu einem übernormalen Knochenwachstum führt, ohne dass diese Knochen eine ausreichende Stabilität entwickeln können. Orthopädische Komplikationen sind damit vorprogrammiert und die Kinder wachsen ihren Eltern buchstäblich über den Kopf. Das ist doch kein Zufall oder genetischer Fehler, sondern selbst verschuldet.

Die reinen Fette aus der Milch, wie Butter und Sahne haben jedoch einen vernachlässigbar geringen Eiweißanteil und gelten erfahrungsgemäß auch als überaus gesund, solange eine Erhitzung über Körpertemperatur ausbleibt.

„ …und ich trinke täglich 2 Liter Vitaminsaft"

Sicher hört sich das gesund an. Wenn Sie jedoch bedenken, dass Sie „Ihre Nahrung so gesund wie möglich belassen" sollten, fällt Ihnen vielleicht auf, dass es sich beim Vitaminsaft nicht mehr um Nahrung handelt, sondern um ein Getränk. Wirklich ? Sie kennen sicher die Fangfrage, die ohne Pause beantwortet werden soll: „Was trinken Kühe ?" (keine Milch) Man sollte besser fragen, was Säugetiere allgemein trinken, nämlich Wasser ! und gehören wir Menschen nicht auch dazu ?

Jede pflanzliche Nahrung enthält alles, was der Körper zu deren Verarbeitung benötigt. Fehlen einige Substanzen, werden diese aus dem eigenen Körper gelöst und kommt es zu Fehlfunktionen, und langfristig zu Krankheiten.

Ein aus der Frucht gewonnener Saft ist immer ein Konzentrat, denn nährstoffreiche essbare Teile, wie Schale und Kerngehäuse und ein Teil des Fruchtfleisches wurden entfernt; damit auch ein großer Teil der Vitalstoffe, die zur Verarbeitung des Saftes im Körper benötigt werden.

Oftmals werden hier pulverförmige Konzentrate verwendet, die wiederum nur im Wasser gelöst wurden (Aufschrift auf der Flasche: aus Konzentrat). Auch wenn anschließend künstlich oder sogar künstliche Vitamine hinzugefügt werden, so handelt es sich nur noch um ein Präparat und hat mit gesunder lebendiger Nahrung absolut nichts mehr gemein.

Wasser dagegen ist ein fertiger Rohstoff mit Mineralien und Spurenelementen und bedarf keiner weiteren Vitalstoffe zum verarbeiten im Körper.

An Ihrer Gesundheit verdienen höchstens Ihre Arbeitgeber und Sie selbst. Die Nutznießer Ihres Krankseins sind nur die Pharmakonzerne und Krankenkassen. Beiden geht es nicht um Kostenersparnis, sondern um möglichst hohe Umsätze mit entsprechendem Gewinn.

Wenn die Regierungen dann von Kostendämmung im Gesundheitswesen sprechen oder von Gesundheitsreform, so wird hier das Pferd von hinten aufgezäumt. Denn man kann keine steigenden Kosten im Gesundheitswesen mit Ersparnis bekämpfen, ohne die Ursachen einer weit verbreiteten krankmachenden Ernährung entgegenzuwirken.

Professor Werner Kollath sagte mit Recht:
„Lass Deine Nahrung so natürlich wie möglich"

Ich bin wirklich kein Nörgler oder Miesmacher, ich zeige Ihnen nur einen Weg, sich gesünder zu ernähren. Sie haben nur diesen einen Körper. Überlegen Sie zukünftig lieber, welchen Empfehlungen Sie folgen sollen und wem diese Empfehlungen am Ende den größeren Nutzen bringen.

Wenden wir uns wieder den Ernährungsempfehlungen zu:
„Ich esse doch kaum noch Fett!"

Warum folgen Sei den Empfehlungen, wenig Fett zu essen? Das alleinige Vorhandensein von Fett ist nicht die Ursache einer übermäßigen Fettspeicherung. Gesunde Blutgefäße sind glatt, daran kann weder Fett, noch fetthaltiges Cholesterin haften bleiben.

Das aus der Nahrung aufgenommene Fett ist für die Aufnahme der fettlöslichen Vitamine A, D, E, und K sehr wichtig. Wird dem Körper zu wenig Fett zugeführt, kann es zu einem Mangel dieser Vitamine kommen. Das im Fettgewebe gespeicherte Fett hat eine wichtige Aufgabe im Körper zu erfüllen. Es dient der Wärmeregulierung sowie der Erhaltung des hormonellen Gleichgewichts.

Der größte Teil des Fettes jedoch, welches vorübergehend im Fettgewebe gespeichert wird, stammt aus Traubenzucker, in den die Kohlenhydrate aus der Nahrung verwandelt werden. Bei einem bereits gestörten Stoffwechsel, der vorwiegend durch die Aufnahme der raffinierten Fabrikzuckerarten und Auszugsmehlen entsteht, kann das Fett nicht mehr abgebaut werden und es kommt zur Fettsucht.

Merke: *Fett macht nicht Fett und ist nicht die Ursache einer fortschreitenden Fettsucht*

„Ich bin doch schon auf 800 Kalorien am Tag !"

Wenn nach der Fettreduzierung auch noch die Kalorienaufnahme vermindert wird, fehlen in der Nahrung nicht nur wichtige fettlösliche Vitamine, sondern außerdem noch weitere lebensnotwendige Vitalstoffe, die mit den Kalorien ebenfalls reduziert werden.

Auf diese Weise gerät der Stoffwechsel völlig außer Kontrolle und man befindet sich in dem Teufelskreis, der die Fettsucht noch weiter beschleunigt. So nimmt man letztlich umso mehr zu, je weniger man isst.

„Ich nehme nur noch kalorienfreies Stevia !"

Nehmen Sie´s als Tropfen oder als weißes Pulver ? Wenn Sie die Frage mit ja beantworten, haben Sie bisher nichts verstanden. Wie sieht denn die Pflanze aus ? Ist sie flüssig oder liegt sie als weißes Pulver am Boden ? Ich weiß, die Frage ist idiotisch !

Aber Steviablätter sind grün und geben allenfalls ein grünes Pulver. Wer die Blätter im Mörser zerstampft und sie gesund verwenden will, süßt mit diesem Pulver und nicht mit dem weißen Fabrikerzeugnis.

Anmerkung: *Honig gilt als naturgesundes Nahrungsmittel.*
Bedenken Sie aber, dass Honig aus Blütennektar, also nur einem Teil der Pflanze gewonnen und von den Bienen fabrikatorisch in Honig und Bienenwachs verwandelt wird. Zuviel Honig erzeugt Karies

Fragen Sie sich doch einfach mal, wie sich die wilden Tiere ernähren ? Essen sie die Frucht oder Blätter so, wie sie sind oder bringen sie die Pflanze zum „veredeln" in die Fabrik ? Pürieren Sie das Obst mit allen essbaren

Anteilen(z.B. Äpfel mit Schale und Kernen) und verwenden sie es zum Süßen. Denn jede Fabriknahrung verkürzt Ihr Leben, egal ob Zuckerarten, Stevia oder Auszugsmehl bei den Kohlenhydraten; Margarine oder heißgepresste Billigöle beim Fett; oder durch Erhitzung denaturierte tierische Eiweiße.

„Ich esse doch schon zweimal Seefisch in der Woche und genug Proteine"

Unter dem Gesichtspunkt der ständig zunehmenden Überfischung der Weltmeere und dem hohen Schadstoffgehalt der im Meer lebenden Fische, fragt man sich, warum gerade der Seefisch als so unentbehrlich in der Ernährung dargestellt wird. Der Seefisch ist reich an Omega-3-Fettsäuren, heißt es. Diese Fettsäuren sind in der menschlichen Nahrung essentiell, das heißt, der Körper kann diese nicht selbst herstellen und ist auf deren Zufuhr von außen angewiesen. Logisch – wir brauchen Seefisch (laut DGE).

Wenn man aber bedenkt, dass Seefisch im Schnitt mit 30 – 60% sehr viel Eiweiß, aber nur 3% Omega-3-Fettsäuren enthält, kann damit schon nicht mehr von Reichhaltigkeit an Fettsäuren gesprochen werden. Denn bei unserer ohnehin schon ernährungsbedingten Eiweißmast, ist es gar nicht notwendig, unbedingt Fleisch oder Fisch in erhitzter und denaturierten Form zu uns zu nehmen.

Was die Omega-3-Fettsäuren betrifft, so sind diese Fettsäuren in allen bekannten Pflanzenölen reichlich vorhanden. So sind zum Beispiel in Leinöl (aus den Leinsamen) bis zu 55% Omega-3-Fettsäuren enthalten(ohne dass wir auf Seefisch angewiesen wären und damit unseren

Eiweißverbrauch {35g Eiweiß oder 0,5g pro kg Körpergewicht pro Tag sollten reichen}

unnötig weiter steigern würden). Hier steht die „Reichhaltigkeit" des Seefisches mit 0,7 - 3% — dem Leinöl mit „nur" 55% an Omega-3-Fettsäuren gegenüber. Was ist daran noch plausibel?

Achten Sie unbedingt darauf, dass das Pflanzenöl nur durch kalte Pressung gewonnen wurde oder nativ auf dem Etikett steht. Sonst sind im Öl durch Erhitzung gefährliche Trans-Fette enthalten.

Wer jetzt glaubt, eine Diät zum Abnehmen wäre angesagt, ist damit wieder auf dem Holzweg. Jede Diät ist eine vorübergehende einseitige Ernährung, weil dabei immer nur ganz bestimmte Nahrungsmittel verzehrt oder gemieden werden.

Hier geht es jedoch in erster Linie um eine gesunde Ernährungsweise, die auf Dauer angewendet wird und langfristig zu einem für den Körper idealen Gewicht führt. Dabei ist es unerheblich, ob Sie zuvor zu wenig oder zu viel Gewicht auf die Waage gebracht haben.

Sicher wollen Sie endlich wissen, wie Sie sich denn nun ernähren sollten, aber dieser Einstieg ist notwendig, um Ihnen einen Einblick in die psychologischen Raffinessen der Wirtschaft und der Meinungsmacher zu geben. Am Ende verdienen alle beteiligten Firmen an Ihrer ungesunden Ernährung und die Pharmariesen an Ihren daraus folgenden Krankheiten.
„Welch ein Wahnsinn:"

3. Das Leben ist wundervoll !

Bei dieser Sonne im Juli bin ich wieder so gut drauf, dass ich mir gleich ein leckeres **Frucht-Eis** zubereite. Sie sollten während der warmen Sommermonate immer gefrorene Beeren im Gefrierschrank haben: Geben Sie eine Portion Beeren in einen Mixer, falls diese sauer sind, machen sie lustig (testen Sie, wie lustig Sie sein wollen) oder man gibt zum Süßen ein paar frische Weintrauben oder Honig hinzu. Darüber etwas Schlagsahne mit Kakaopulver — fertig !

Zu umständlich, dauert zu lange ? Haben Sie mal versucht, gefrorenes Speiseeis mit einem Löffel aus der Packung zu schälen ? Da ziehe ich, allein von der Arbeit her, meine Eis-Zubereitung vor.

Wenn Sie abends auf Balkon oder Terrasse einen kühlen, erfrischenden **Long-Drink** brauchen, gehen Sie genauso vor, wie oben beschrieben, nur fügen Sie den Beeren noch ein paar Eiswürfel hinzu und lassen Sie das Kakaopulver weg. Wenn Sie es ganz natürlich wollen, nehmen Sie dann einen echten Strohhalm und kein Plastik.

Für eine wirklich gesunde, vitalstoffreiche Ernährung, die der Mensch braucht, wäre eine Vollwertkost ohne tierische Eiweiße optimal. Also eine vegetarische Kost ohne Fleisch, Fisch, Eier und Milchprodukte. Die tierischen Fette Butter und Sahne möchte ich aber wegen des geringen Eiweißgehaltes und des hohen Gesundheitswertes in die Vollwertkost mit einbeziehen.

Anmerkung: *Vegetarier leben gesünder. Muskelaufbau klappt auch mit pflanzlichen Eiweißen.*

Bei einer gesunden aber dennoch warmen Mahlzeit sollten diese tierischen, wie auch alle pflanzlichen Fette <u>nach</u> dem Kochen hinzugefügt werden, um einen möglichst hohen Vitalstoffgehalt zu behalten. Dies setzt voraus, dass es sich um kaltgepresste Öl handelt.

Ich will hier niemanden überreden, Vegetarier zu werden, sondern wenn bereits gesundheitliche Beschwerden vorliegen, sollte auf tierische Eiweiße unbedingt verzichtet werden. Bei einem gesunden Stoffwechsel spricht allerdings nichts dagegen, mal ein Ei oder auch mal einen Sonntagsbraten zu essen; allein schon, um durch unsere Ernährung keine gesellschaftlichen Nachteile zu bekommen.

Bei unserer eiweißreichen Ernährung besteht das Hauptproblem in der denaturierten Form dieses Eiweißes, denn bis auf wenige Ausnahmen ist der Mensch gar nicht in der Lage, tierische Produkte roh zu verzehren, wie ein **Fleischfresser**.

Auch wenn der Mensch Fleisch „frisst", heißt dies noch lange nicht, dass er zu den Fleischfressern gehört, die Ihre Nahrung roh verzehren. Die Form und Art des Gebisses, sowie das Verdauungssystem mit seinem sehr langen Darm beim Menschen, sieht bei einem Fleischfresser völlig anders aus.

Bestes Beispiel ist der Rinderwahnsinn: Weil man reine **Pflanzenfresser** mit Tiermehl gefüttert hatte, wurden sie krank.

Viele Menschen glauben, ohne Fleisch könne man nicht so genussvoll essen, weil es mit vegetarischer Kost weniger Auswahl gäbe. Einige wollen auch nicht auf ein gut gewürztes Steak verzichten um dann auf das „fade schmeckende" Gemüse umzusteigen. Und damit kommen wir schon auf den Punkt. Fleisch kann ohne Salzzugabe nicht genossen werden, rohes Gemüse schon.

Ihr Geschmackssinn ist bei Ihrer Ernährung doch völlig betäubt. Sie schmecken doch kaum noch etwas durch das viele extra Salz beim Essen und dem vielen Zucker in Ihren Getränken. Sie werden überrascht sein, wie wir Ihren Geschmackssinn wieder zum Leben erwecken können, wenn Sie weniger Salz verwenden und alle Fabrikzuckerarten aus Ihrer Nahrung verbannen.

Bevor Sie sich die Meinung bilden, dass das folgende Frühstück viel zu umständlich und aufwendig ist, lesen Sie einfach weiter. Ich habe mich sehr schnell daran gewöhnt und die Zubereitung geht nicht nur schnell, sondern ist nach ein paar Tagen bereits überaus lecker und abwechslungsreich. Geben Sie sich Mühe, eine Woche Zeit und bilden Sie sich dann Ihr Urteil.

Getreide ist ein wichtiger Eiweißlieferant und ist zusammen mit Eiweiß aus Gemüse durchaus vollwertig und gesund. Probieren Sie´s:

Ein leckeres Frühstück für 1 Person

beginnt schon am Abend zuvor. Man nehme, aus dem Reformhaus unbearbeitetes Getreide, drei Esslöffel beliebiger Sorte und fülle diese in einen Mörser oder vorhandene Mühle um die Körner frisch zu schroten(grob mahlen, aber nicht auf Vorrat). Eine elektrische Kaffemühle reicht erst einmal für diesen Zweck.

Dann gießt man etwas Leitungswasser über die geschroteten Körner und lässt sie 5 – 12 Stunden so stehen. Das Wasser (ca. 100ml) sollte so bemessen sein, dass die Körner morgens gut durchnässt sind, ohne dass noch Wasser übrig bleibt.

Anmerkung: Das Einweichen in Wasser dient dem einfacheren Zerkauen des Getreides. Wer gute Zähne hat, kann darauf verzichten

Frischkorngericht als Frühstück:

Morgens gibt man dem <u>eingeweichten Getreide</u> etwa <u>1 Teelöffel frischen Saft aus der Zitrone</u>, zerkleinertes Obst, wie z.B. <u>einen Apfel</u> möglichst mit Schale und Kerngehäuse hinzu, <u>gehackte Nüsse</u> und 2 Esslöffel <u>süße Sahne</u> (je nach Obstsorte geschlagen oder flüssig).

Merke: *Erdnüsse sind stets geröstet und gehören zu den Hülsenfrüchten. Sie haben im Frischkorngericht nichts zu suchen.*

Sind Ihnen schon einmal <u>Lebensmittelmotten</u> um die Ohren geflogen? *Diese Schädlinge sind zwar gesundheitlich unbedenklich aber eklig sind sie allemal und wenn sie bereits Eier gelegt haben, sehr schwer wieder los zu werden.*

Ein wichtiger Tipp:
Lagern Sie Getreide (Produkte daraus, Nüsse und Hülsenfrüchte) niemals offen oder nur in Tüten im Schrank, sondern immer in einem verschlossenen Gefäß. Kaufen Sie nicht gleich eine Getreidemühle, denn die werden von den Motten gern als Wohnhaus angesehen, wenn sie nicht jedes Mal sofort wieder gründlich gereinigt wird.

Das **Frischkorngericht** sollte als vollwertige Mahlzeit sofort nach der Zubereitung gegessen werden, um den vollen Vitalstoffgehalt zu nutzen und kann zu jeder beliebigen Tageszeit genossen werden. Wichtig sind eine leckere Art der Zubereitung und täglich wechselnde Variationen der Getreideart und Nusssorten. Obst gibt es jede Menge auf dem Markt und sollte nach Angebot und Saison auch täglich variieren. Wer es herzhafter mag, darf auch gern rohes Gemüse mit verwenden.

Nehmen Sie im eigenen Interesse bitte weder Milch, Milchprodukte noch Trockenfrüchte dazu. Eben so wenig sind Fruchtsäfte oder gar Zucker angebracht. Zum Süßen sind höchstens Weintrauben oder etwas Honig erlaubt. Je weniger zusätzliche Süße Sie in Ihre Nahrung einbringen, desto schneller werden Ihre Geschmacksnerven sich auf Ihre neue Ernährungsform einstellen und Aromen wahrnehmen, die ihnen durch falsche Ernährung bisher verborgen geblieben sind.

Rohkost als zweite Mahlzeit

Glauben Sie nicht, dass Rohes Gemüse fade schmeckt. Wenn Sie von Anfang an auf Salz und Pfeffer verzichten, werden Sie auch hier feststellen, dass Sie täglich ein besseres Geschmacksempfinden aufbauen. Sie dürfen gern verschiedene Kräuter zum Würzen verwenden. Lassen Sie es aber langsam angehen und probieren Sie die Kräuter einzeln aus, damit sie diese auch schmecken können.

Wussten Sie: *dass Tomaten und Salatgurken aus botanischer Sicht zu den Obstsorten gehören? Sie haben Kerne — Gemüsesorten nicht!*

Achten sie darauf, dass die Gemüsesorten nicht nur geschmacklich zusammenpassen, sondern sich auch farblich gut ergänzen sollten. Besonderen Spaß macht die Zubereitung, wenn Sie einen Teil des Gemüses in Streifen (Karotten), einen anderen in Scheiben (Gurken) und wieder einen in Würfelform (Kohlrabi) schneiden.

Wenn Sie sich schon richtig gesund ernähren wollen, passen zur Rohkost keine Milchprodukte oder irgendein Dressing aus der Fabrik. Verwenden Sie lieber kaltgepresste Öle, flüssige Sahne, Essig und Saft aus der frischen Zitrone. oder lassen Sie sich etwas neues oder ungewöhnliches einfallen: zum Beispiel Orange, pürierte Banane, Avocado, Gurke oder vermischt mit den erstgenannten Flüssigkeiten.

Einen ganz besonderen Geschmack erhalten Sie, wenn Sie Pinien- Sonnenblumen- und Kürbiskerne verwenden. Einen feinen nussigen Geschmack erhalten Sie mit Rucolablättern oder Pecannüssen. Je mehr Sie ausprobieren, desto mehr Spaß werden Sie an der neuen Ernährung haben. Der Reichtum an Variationen, den Sie neu entwickeln wird Sie jeden Fleischgenuss vergessen lassen. Bei meiner eigenen Ernährung konnte ich anfangs gar nicht glauben, mit welcher Begeisterung ich diese natürliche Nahrung schätzen lernte.

Nicht nur meine Ernährung und Gesundheit hat sich positiv verändert, sondern auch meine Stimmung ist viel öfter auf einem Höhepunkt, den ich früher gar nicht kannte. Wenn ich bedenke, wie aufbrausend ich früher sein konnte und wie ich teilweise mit meinen Mitmenschen umgegangen bin, so bin ich zum Schluss gekommen, Fleisch macht tatsächlich aggressiv.

Besonders Schweinefleisch trägt zum aggressiven Verhalten bei. Schweine sind sehr sensible und intelligente Tiere und wissen genau, was ihnen blüht, wenn sie zur Schlachtbank geführt werden. Dies führt zu einer gewaltigen Ausschüttung des Hormons Adrenalin, das sich mit dem Schlachten im ganzen Organismus des Tieres ausgebreitet hat. Genau das ist der Grund unserer Aggressivität.

Eine warme Mahlzeit

ist eigentlich nicht nötig. Wer täglich ein Frischkorngericht und eine Mahlzeit mit Rohkost verzehrt, kann auch eine warme Mahlzeit richtig genießen, ohne davon gleich krank zu werden. Der Appetit auf Fleisch und andere tierische Produkte wird dann ganz automatisch weniger werden. Ein Zeichen dafür, dass der Mensch anatomisch gesehen gar kein Fleischfresser ist.

Es hat sich leider so eingebürgert, einen Nachtisch zu essen. Milchprodukte kann ich wegen des Eiweißanteils nicht empfehlen. Sinnvoll wäre jedoch etwas Obst. Dies kann aber nach einer warmen Mahlzeit, die vielleicht sogar denaturierte eiweißhaltige Nahrung enthält, zur Gärung im Verdauungstrakt führen und Verdauungsbeschwerden verursachen. Besser ist es, das Obst vorher zu verzehren, weil es schneller verdaut wird als die Hauptmahlzeit und somit bekömmlicher ist.

Denken Sie immer an die Empfehlung, die Nahrung so natürlich wie möglich zu belassen, damit Sie sich daran gewöhnen und Ihnen eine gesunde Ernährung in Fleisch und Blut übergeht:

Verwenden Sie zum Kochen möglichst wenig Wasser, um ein Ausschwemmen der Mineralstoffe so gering wie möglich zu halten und ein Nachsalzen zu vermeiden. Gemüse sollte nur so lange gekocht werden, dass es noch leicht knackig ist und eine natürliche Farbe behält. Je länger sie es kochen, desto mehr Vitalstoffe gehen verloren.

Pasta oder Nudeln gehören, wie auch Knäckebrot, zu den Dauerbackwaren bzw. Konserven und sollten nur gelegentlich verwendet werden. Achten Sie bitte darauf, dass es sich um Vollkornnudeln handelt und keine Eier darin enthalten sind.

Mein Tipp: *lassen Sie nach dem Kochen frische Butter darüber schmelzen.*

Anmerkung: *Italienische Nudelhersteller verwenden in der Regel keine Eier in ihren Erzeugnissen.*

Reis sollte nicht geschält sein, also nicht weiß. Sonst haben Sie damit das gleiche Problem wie mit den Auszugsmehlen: Es fehlen die wichtigsten Nahrungsbestandteile und das macht auf Dauer krank. Träufeln Sie <u>nach dem Kochen</u> gern etwas natives Pflanzenöl darüber.

Sammeln Sie selbst Ihre eigenen Erfahrungen. Wenn Sie nach und nach Ihre Ernährung umstellen, fragen Sie sich immer öfter, wie konnte ich früher bloß all diese ungesunden Nahrungsmittel essen.

In diesem Buch habe ich lediglich die Grundlagen zusammengestellt, die Ihnen helfen werden, Ihre Ernährung auf eine gesunde Art und Weise umzustellen. Diese Empfehlungen habe ich alle selbst erprobt. Mir macht das Essen viel mehr Spaß, und ich muss bei dieser Ernährungsform nicht mehr auf mein Gewicht achten.

Egal, ob Sie zuvor Untergewicht oder Übergewicht hatten, es wird sich auf ein ideales und gesundes Gewicht einpendeln, ohne dass Sie jemals wieder daran zu denken brauchen. Während Sie vielleicht zuvor das Gefühl hatten, ständig etwas essen zu müssen, so lag die Ursache in einem ständigen Vitalstoffmangel begründet. Sollte dennoch ein Appetit oder Hungergefühl aufkommen, so ist ein Stück frisches Obst immer das richtige.

Mein Tipp: *Nehmen Sie auf langen Autotouren immer ein paar gewaschene knackige Karotten mit. Die nehmen den Appetit auf ungesunde Knabbereien, löschen den Durst und halten wach.*

Essen Sie Obst und Rohkost so viel Sie wollen.

Es ist gar nicht möglich, zu viel davon zu essen. Wenn Sie gern 5 Avocados mit ihrem hohen Fettanteil essen wollen, dann tun Sie es. Wildlebende Tiere, wie zum Beispiel unsere Verwandten, die Primaten nutzen jedes Überangebot an Nahrung und fressen so viel sie können auf einmal. Mit der richtigen Nahrung können wir Menschen das auch, ohne irgendwelche Nachteile für unsere Gesundheit in Kauf nehmen zu müssen.

Ich werde niemals behaupten, diese Nahrung sei ein Allheilmittel, das ist sie mit Sicherheit nicht, aber Sie werden selbst feststellen, dass viele Ihrer Wehwehchen plötzlich verschwunden sind. Es sind auch nicht alle ernährungsbedingten Zivilisations-Krankheiten wieder regenerierbar. Oftmals täuscht das Verschwinden der Symptome eine Heilung vor, es kann aber auch zeigen, dass der Verlauf der Krankheit gestoppt ist und sich nicht weiter verschlimmert.

Mein neues Geschmacksempfinden hat dafür gesorgt, dass ich Kuchen und Süßspeisen gar nicht mehr mag und keines meiner Getränke noch gesüßt werden muss. Wenn ich dann mal Essen gehe oder eingeladen bin, mache ich mir keine Gedanken über den Gesundheitswert mehr, weil ich mich sonst sowieso gesund ernähre.

4. Was machen wir falsch ?

In erster Linie haben wir uns schon viel zu weit von einer natürlichen Ernährungsweise entfernt: Wir essen viel zu wenig Obst, Gemüse nur noch in erhitzter, denaturierter Form, viel zu viel Fleisch mit denaturierten Eiweißen und Milchprodukte einer artfremden Tiergattung, die für Menschen nach der Stillzeit gar nicht mehr geeignet ist. Damit haben wir kaum noch nennenswerte Vitalstoffe in unserer Nahrung. Kurz gesagt, wir essen uns krank und nehmen dadurch immer mehr zu.

Unser Verdauungssystem

Der Verdauungsprozess unserer Nahrung beginnt im Kopf. Schon vor der eigentlichen Nahrungsaufnahme reagieren die drei **Speicheldrüsen** unter der Zunge, im Unterkiefer und die **Ohrspeicheldrüse** bereits auf den Gedanken ans Essen, oder den Anblick einer leckeren Speise. Es kommt zum Speichelfluss, denn man sagt nicht umsonst: „da läuft einem das Wasser im Mund zusammen".

Jede der Drüsen produziert ein bestimmtes Sekret. Je nach Konsistenz der Speisen ist der Speichel dicker oder dünner. Auch die Geruchs- und Geschmackssinne haben einen bestimmten Einfluss auf die Zusammensetzung des Speichels. Außer zur Verdauung, hält der Speichel die Mundhöhle ständig feucht und verhindert das Austrocknen und gleichzeitig eine mögliche Ansiedlung von Pilzen.

Die Speicheldrüsen erzeugen täglich bis zu 1,5 Liter Speichel. Das darin enthaltene stärkespaltende Enzym **Ptyalin** spaltet die in der Nahrung befindliche Stärke, einem **Vielfachzucker (Polysaccharid)** in Traubenzucker, einen **Einfachzucker (Monosaccharid)** auf. Daher kommt der süßliche Geschmack des Speisebreis, wenn dieser lange gekaut wird.

Die beste Verdauung erreichen wir, indem wir die Nahrung etwa 30-mal kauen. Selbst beim harten Knäckebrot hat sich der Speisebrei bis dahin schon teilweise verflüssigt und gelangt problemlos durch die Speiseröhre in den Magen.

In dem Moment, wenn wir den Speisebrei nach hinten gegen den Gaumen drücken, wird der Schluckreflex ausgelöst. Dabei hat das sonst sichtbare **_Gaumenzäpfchen (Uvula)_** die Aufgabe, die Nasenhöhle zu verschließen. So kann man sogar beim Kopfstand schlucken, ohne dass sich der Speisebrei in die Nasenhöhle verirrt. Viel wichtiger ist jedoch, dass der **_Kehldeckel (die Epiglottis)_** beim Schlucken die Luftröhre verschließt und dort das Eindringen des Speisebreis verhindert.

Mit dem Schlucken, woran etwa 20 Muskeln beteiligt sind, gelangt der Speisebrei in die **_Speiseröhre_**, der mithilfe der **_Peristaltik_** (Bewegung der Verdauungsorgane), selbst beim Kopfstand, in den Magen befördert wird, dieser beginnt genau am Zwerchfell-Durchgang.

Der **_Magen_** ist Verdauungsorgan und Vorratsbehälter in einem, dort geht als erstes die Verdauung der Stärke weiter. Genau wie im Mund so reagiert auch der Magen auf den Gedanken oder die Ankündigung aufs Essen: Die **_Schleimhautzellen_**, die eine Schutzschicht im gesamten Mageninnenraum darstellen und eine Selbstverdauung des Magens verhindern, produzieren den Magensaft, der vorwiegend aus Salzsäure und dem **_Enzym Pepsin_** besteht.

Das Pepsin ist für die Verdauung der eiweißhaltigen Anteile der Nahrung verantwortlich. Nun wird das Eiweiß im Magen aber nicht denaturiert, wie manche Menschen glauben wollen, sondern es wird auf ganz natürliche Weise von der Magensäure und dem Pepsin zerlegt, also verdaut.

Gleich am Magenausgang liegt der sogenannte Pförtner, ein Schließmuskel der sich rhythmisch von Zeit zu Zeit öffnet und die vorverdaute Speise in den **Zwölffingerdarm** entlässt. Darin münden die Ausgänge der **Bauchspeicheldrüse** (Pankreas) von der linken Seite und der **Leber** sowie der **Gallenblase** von der rechten Seite her. Der Pankreassaft entlässt Enzyme zum Aufspalten von Kohlenhydraten, Fetten und Eiweißen in den Zwölffingerdarm.

Die Leber produziert pro Tag etwa 1 Liter Gallenflüssigkeit. Diese hat die Aufgabe, die fettspaltenden Enzyme, die Lipasen, bei ihrer Arbeit zu unterstützen. Je Fettreicher eine Mahlzeit ist, desto mehr Gallenflüssigkeit wird in den Zwölffingerdarm abgegeben. Die überschüssige Flüssigkeit fließt direkt in die Gallenblase, in der sie eingedickt gelagert und bei Bedarf genutzt werden kann.

Das **Pankreas** (oder die Bauchspeicheldrüse) enthält zum weiteren Aufspalten von Kohlenhydraten, Fetten und Eiweißen viele Enzyme, die in den Zwölffingerdarm fließen. Außerdem sondert diese Drüse noch das bekannte Insulin direkt in die Blutbahn ab. Das Insulin verwandelt die in der Nahrung befindlichen Zuckerstoffe, vor allem den Traubenzucker, in Glykogen, welches dem Körper als Energiespeicher zur Verfügung steht.

Der **Dünndarm** nimmt mit einer Gesamtlänge von etwa 5 Metern den größten Teil des Bauchraums ein und ist über eine breite Bindegewebsplatte mit der hinteren Bauchwand verbunden. Dort verlaufen auch Nerven und Blutgefäße zur Versorgung des Darms. Der gesamte Verdauungskanal ist innen mit einer Schleimhaut ausgestattet. Nur mit einem Mikroskop sind die zahllosen Darmzotten erkennbar, die die Oberfläche des Darms enorm vergrößern.

Über diese Oberfläche findet die Resorption statt, das heißt hier nehmen die Blut- und Lymphgefäße die mit der Nahrung zugeführten Nährstoffe auf und führen sie direkt in das große Stoffwechselorgan die Leber. Der Dünndarm ist bei einem gesunden Menschen völlig steril, weil die Magensäfte bereits fast alle Bakterien zerstört haben. Den Rest übernimmt der Dünndarm selbst mit seinen Enzymen. Im Dünndarm werden auch die eiweißhaltigen Nährstoffe in ihre Aminosäuren zerlegt und zu körpereigenen Eiweißen wieder zusammengebaut.

Am Übergang vom Dünndarm zum **_Dickdarm_** befindet sich eine „Klappe". Es handelt sich um eine Schleimhautfalte, die als Ventil genutzt ein Zurückfließen des Speisebreis in den Dünndarm verhindert. Im Dickdarm wird den Speiseresten das Wasser entzogen und damit eingedickt um ein bequemeres Ausscheiden zu ermöglichen.

Als Ernährungsberater wollte ich Ihnen nur einen groben Einblick in die anatomischen Vorgänge geben. Wer mehr zu diesem Thema wissen möchte, dem empfehle ich naturheilkundliche Fachbücher, in denen alles ausführlicher beschrieben wird und auch auf mögliche Fehlfunktionen genauer eingegangen wird.

Was ist eine Eiweißspeicher-Krankheit ?

Eine Eiweißspeicherkrankheit entsteht durch eine regelmäßige Aufnahme tierischen Eiweißes mit der Nahrung in einer Menge, die der menschliche Körper nicht mehr im ausreichenden Maße verarbeiten kann. Dies führt zwangsläufig zu einer Speicherung überschüssiger Proteine(Eiweiß).

Man muss jedoch zwischen 2 Arten von Eiweißen unterscheiden:
1. die kompletten, also tierischen Eiweiße und
2. die nicht kompletten, also die pflanzlichen Eiweiße.

Da die nicht kompletten pflanzlichen Eiweiße auch nicht die notwendige Vielfalt an Aminosäuren enthalten, die der Körper braucht, stellt sich die Frage, was wollen wir dann damit ?

Die Frage stellt sich natürlich auch die Leber, deren Aufgabe es unter anderem ist, den Körper mit den richtigen Eiweißen zu versorgen. Ihr bleibt nun nichts anderes übrig, als die Aminosäuren, die in diesen Eiweißen stecken, von unterschiedlichen Pflanzen neu zusammenzusetzen, um genau das zu produzieren, was wir brauchen.

Jetzt kommen aber die tierischen kompletten Eiweiße. Die Leber freut sich über die fertigen Produkte und speichert diesen wertvollen Stoff erst einmal.

Doch weil wir immer mehr tierische Proteine zu uns nehmen, können diese entstandenen Speicher nicht mehr geleert werden und verstopfen den Körper an bestimmten Stellen.

Keines unserer Organe ist in der Lage, große Eiweißmengen zu verarbeiten oder auszuleiten, darum werden diese erst einmal im Zwischenzellgewebe unter der Haut, welches aus kollagenem Bindegewebe besteht, zwischengelagert. Dieses Bindegewebe hat die Aufgabe, die Zellen mit Sauerstoff zu versorgen, Schadstoffe abzugeben und Nährstoffe zu binden.

Desweiteren führen die überschüssigen Proteine zu einer mehrfachen Verdickung des Bindegewebes zwischen den Basalmembranen der

Kapillargefäße und den Zellen. Damit erhöht sich der Diffusionswiderstand für Wasser. Das heißt, dass Wasser, Nährstoffe und andere Blutinhaltsstoffe weniger bis gar nicht mehr den Weg von den kleinsten Blutgefäßen(Kapillare) in die Zellen finden. Zum letzten steigt auch der Eiweißgehalt im Blut und kann sich nach und nach an den Gefäßwänden ablagern.

Welche Krankheiten zählen zu den Eiweißspeicher-Krankheiten ?

Die Eiweißspeicherung im Körper wird solange ein Problem bleiben, wie in aller Öffentlichkeit medizinische <u>Fehlinformationen</u> verbreitet werden, darunter:

„Eiweiß kann nicht gespeichert werden"

„Nicht Anerkennung der Heilwirkung des Fastens"

„Eiweißreiche Diät bei Zuckerkrankheit"

„Der Mensch ist ursprünglich ein Fleischfresser oder ein Allesfresser"

„Der Mensch verträgt Fleisch sehr gut"

„Ignorieren der Eiweißlehre von Dr. Lothar Wendt"

Einige dieser Themen werde ich in späteren Artikeln noch einmal aufnehmen und sie dann im Einzelnen näher erklären.

Wendt führte folgende Krankheiten auf die Eiweißspeicherung zurück:

Der menschliche Körper ist ein wahres Wunderwerk, dass sich eine konsequente falsche Ernährung erst Jahrzehnte später in Krankheiten äußert:

Arteriosklerose, Schlaganfall, Herzinfarkt, Arthrose, Diabetes II, Parodontose, Gicht, Autoimmunkrankheiten, Bluthochdruck und andere.

Außerdem wird durch die Eiweißspeicherung das Immunsystem beeinträchtigt, welches auch bei Infektionskrankheiten und Krebs eine Rolle spielt. Darüber hinaus ist es leicht vorstellbar, dass durch die verminderte Durchlässigkeit der Transportwege zu und von den Zellen und Organen es zu weiteren Komplikationen in den Körperfunktionen kommen kann.

Auf keinen Fall möchte ich auf meinen Seiten zu sehr in den medizinischen Bereich vordringen, denn ich bin weder Arzt noch Heilpraktiker. Ich werde darum auch nur die Bereiche erörtern, die für eine gesunde Ernährung und dazu notwendige Kenntnis der menschlichen Anatomie relevant sind.

Es geht mir nicht darum, jedes Thema bis ins letzte Detail auszuführen, denn dazu gibt es schon jede Menge Informationen auf anderen Websites. Mir geht es in erster Linie darum, jeden Leser zum Mitdenken zu bewegen und ihn in die Lage zu versetzen, selbst zu entscheiden, womit und warum er sich auf diese oder andere Art und Weise ernähren sollte, um das gewünschte Ergebnis zu erzielen.

Als Idealgewicht ist das Gewicht zu bezeichnen, bei dem man sich selbst gesund fühlt und auch beim Blick in den Spiegel mit seiner Figur vollauf zufrieden sein kann. Dagegen ist das Normalgewicht, ein von der Gesellschaft entsprechend der Körpergröße festgelegtes „Gesundgewicht".

Auf einen Hund bezogen, sagt man: die Rippen müssen fühlbar, aber nicht zu sehen sein.

Milch und Eiweißbedarf

Der weit verbreitete Irrtum, dass sich der Eiweißbedarf ohne tierisches Eiweiß nicht decken lässt, hat sogar schon dazu geführt, dass Menschen, die eigentlich kein Fleisch oder Fisch mögen, aus Angst vor Krankheiten sich trotzdem davon ernähren.

Viele Body-Builder beweisen jedoch, dass auch bei rein vegetarischer Ernährung ein ausreichender und starker Muskelaufbau möglich ist. Denn eine abwechslungsreiche Ernährung aus unerhitzten Getreide, Blatt- und Wurzelgemüse und Obst enthalten mehr als genug Eiweiß, welches der Mensch zu verarbeiten imstande ist.

Wie jeder weiß, gehört der Mensch zu den Säugetieren, die nach der Geburt mit Muttermilch versorgt werden und zwar so lange, wie die Aufnahme fester Nahrung noch nicht möglich ist. Die Milch ist hier sehr wichtig, weil der Mensch mit allen nötigen Nährstoffen, wie Vitaminen, Kohlenhydrate, Eiweiß u.a. versorgt wird. Außerdem enthält die Milch die Wachstumshormone, die zum gesunden Wachstum im Säuglingsalter notwendig ist. *Im Säuglingsalter wäre eine alternative vegetarische Ernährung jedoch völlig falsch und gefährlich, weil der gesamte Verdauungsapparat noch nicht darauf vorbereitet ist!*

Nun enthält die menschliche Muttermilch aber nur 2 bis 2,5% Eiweiß für die Aufbau- und Wachstumszeit. Der erwachsene Mensch, der nur noch einen Erhaltungsstoffwechsel hat, benötigt eher weniger Eiweiß, als im Säuglingsalter. Das heißt, dass zum Leben bereits eine Eiweißmenge von weniger als 2% in der Nahrung ausreichend ist.

Die angeblich so „gesunde Milch", die wir nach der Stillzeit trinken, ist erstens gar nicht mehr notwendig und stammt zweitens von einer artfremden Kuh (selten auch Ziege). Kuhmilch ist etwas eiweißreicher und enthält 3 bis 3,5% Eiweiß. Mit dieser Milch und den Milchprodukten, die daraus hergestellt wurden, richten wir mehr Schaden im Körper an, als uns bewusst ist und uns im Allgemeinen von den Medien und in der Werbung berichtet wird.

Es wird hier immer auf das wichtige Kalzium in der Milch hingewiesen, das wir zum Knochenaufbau ja so dringend brauchen. Tatsache ist jedoch, dass gerade der hohe Eiweißanteil (obwohl nur 3 bis 3,5%) dafür sorgt, dass aus dem Körper und dort besonders aus den Knochen mehr Kalzium herausgelöst als eingelagert wird.

Wussten Sie, dass in den asiatischen Ländern die Osteoporose bisher nur wenig verbreitet und nahezu unbekannt war und dass dort kaum Milch getrunken wurde ? Seit einigen Jahren wird überschüssige Milch aus Europa nach Asien exportiert. Was glauben Sie, welche Folgen das dort hat?

Wenn dann als Kind oder im Jugendalter zu viel von diesen Wachstumshormonen verzehrt werden, nimmt hier die Wirbelsäule deutlich an Fahrt auf und wächst mit einer Geschwindigkeit, dass die Qualität der Knochenstruktur (und die Größe der Eltern) auf der Strecke bleibt. Die Folgen sehen wir an den früher oder später wiederholt auftretenden Rückenproblemen.

Primaten haben keine Küche

Es ist ja allgemein bekannt, dass wildlebende Tiere sich instinktiv richtig ernähren und dass diese auch nicht so krank werden, so wie wir Menschen es bei uns selbst kennen. Es sei denn, der Mensch hat seine Finger im Spiel. Sicher besteht hier ein entscheidender Zusammenhang. Gerade beim Thema Ernährung wirkt sich der Verstand des Menschen eher nachteilig aus, denn wir können wählen, ob wir uns gesund ernähren oder nach Geschmack und alter Gewohnheit, die wir von unseren Eltern übernommen haben.

Hinzu kommt, dass der Mensch mit seinem „genialen Verstand" auch nie mit dem zufrieden ist, was er hat. Logisch, wir wollen uns weiter entwickeln und der Fortschritt ist uns wichtig. Nur sollte dieser Fortschritt nicht dazu führen, dass wir unsere wertvollen Nahrungsmittel in einer Form verändern, die uns krank und das Leben teilweise zur Qual machen. Es heißt doch immer, wir sollen unseren „gesunden Menschenverstand" nutzen und einsetzen.

Ich habe diesen Titel extra etwas provokativ gewählt und möchte Sie aus Ihrem gewohnheitsmäßigen „Tiefschlaf" aufrütteln und zum Mitdenken bewegen. Denn im ersten Kapitel erwähnt ich schon: „glauben Sie mir nicht" !

Haben Sie schon einmal gesehen oder davon gehört, dass ein Primate, denn anatomisch gesehen gehören auch wir in diese Gruppe, sich sein Essen erwärmt, es kocht, brät oder grillt ? Diese „Perversion" kann sich nur ein Mensch ausdenken. Wir müssen unser Fleisch auf über 100° Celsius erhitzen, damit wir es überhaupt essen können, normal ist eine Temperatur von maximal 40° Celsius.

Da gibt es Menschen, die sagen wir wären Allesfresser, wozu auch das Fleisch gerechnet wird. Dann müssten diese Menschen aber auch bereit sein, das Fleisch in natürlichem Zustand, nämlich roh zu verzehren. Ich meine nicht die Ausnahmen, wie zum Beispiel die Eskimos, deren Lebenserwartung auch entsprechend gering ist.

Getreide, Gemüse, Fisch, Fleisch, Eier: wir sind gewohnt, alles zu erhitzen. Selbst die Milch, die wir kalt trinken, wird wegen der angeblich so schädlichen Keime erst pasteurisiert. Das einzige, was wir noch roh aus der Natur essen, ist Obst, am besten direkt vom Baum oder Strauch oder einheimische Haselnüsse und Walnüsse. Denn sogar das Obst, das wir im Supermarkt kaufen, ist größtenteils mit Chemikalien verseucht, weil es ohne sie die langen Transportwege gar nicht überstehen könnte. Von der Bestrahlung mit Gammawellen einmal abgesehen.

Haben Sie sich einmal gefragt, warum für Obst so gut wie keine Werbung gemacht wird ? Weil es unverarbeitet verkauft werden muss und keiner daran wirklich verdient. Ich könnte fast sagen, „Essen Sie nichts, wofür Werbung gemacht wird".

Wenn alles, was wir essen, in irgendeiner Form denaturiert wird, dürfen wir uns nicht wundern, wenn wir krank werden. Wir brauchen keine Gesundheitsreform, sondern eine Ernährungsreform, dann kommt die Gesundheit von selbst.

Isolierte Nahrungsmittel

Dieses Thema sollte hier nicht unerwähnt bleiben. Die Natur ist so genial eingerichtet, dass alles, was wir essen können automatisch auch alle Stoffe beinhaltet, die wir zum Stoffwechsel brauchen. Umgekehrt sagt uns auch unser gesunder Körper, solange er noch nicht ernährungstechnisch verdorben wurde, was wir essen sollten. Ich habe es getestet, es funktioniert tatsächlich. Darauf werde ich später noch zurückkommen.

Ein Säugling bekommt am Ende seiner Stillzeit nach etwa einem Jahr (bis zu zwei Jahren) nicht nur Zähne, sondern automatisch auch das Verlangen nach fester und süßer Nahrung. Das heißt natürlich nicht, dass man dem Kind nun „Vitamine und Süßes", wie es in der Werbung so schön heißt, in Form von Bonbons verabreicht (ich weiß, das ist übertrieben, aber es soll klar machen, worauf ich hinaus will) oder andere mit Zucker gesüßte Speisen, sondern es sollte der Hinweis darauf sein, ihn mit frischem Obst zu versorgen.

Es müsste eigentlich Fabrikzucker heißen. Denn Zucker ist das Konzentrat aus den in der Zuckerrübe(oder Zuckerrohr) enthaltenen Süßstoffen und wird in einem Raffinade-Prozess zum kristallinen Zucker extrahiert. Dabei ist es letztendlich egal, wie dieses Konzentrat heißt, ob -Zucker, oder -Sirup, -Dicksaft, -Malz, Melasse, Maltodextrin, Zucker allein und wie sie alle heißen. Dann die Modeerscheinung Stevia, solange wie die „Blätter fressen" ist es O.K. aber wenn der gleiche Raffinade-Prozess in Gang gesetzt wird, macht es keinen Unterschied mehr zum normalen Zucker. Selbst Honig ist ein Konzentrat aus dem Nektar der Blüten, das in diesem Fall von den Bienen raffiniert wird. Ein Zuviel kann zu Karies führen.

Wir haben uns mittlerweile so sehr an diese „extreme Süße" gewöhnt, dass uns viele Aromen der Natur gar nicht mehr schmecken können. Ich bin leidenschaftlicher Espressotrinker, drei Monate konnte ich keinen Espresso mehr trinken, weil ich auf den Zucker verzichtet habe. Danach habe ich erst feststellen können, wie gut der Espresso nach Kaffee schmeckte. Bedenken Sie aber, dass jede Kaffeesorte nur ein Genussmittel ist und nicht zu einer gesunden Ernährung gehört.

Es gibt aber noch weitere Konzentrate, die regelmäßig in großen Mengen eingenommen zu Mangelerscheinungen und Krankheiten führen können, das sind unsere Getränke. Vom Zuckergehalt einmal abgesehen sind diese Obst- und Gemüsesäfte und alle Multivitamingetränke Konzentrate aus den entsprechenden Früchten. Wertvolle und wichtige Inhaltsstoffe der Früchte werden einfach als Abfall vernichtet, anstatt sie auf gesunde und natürliche Weise als Ganze Frucht zu verzehren.

Es spricht sicher nichts dagegen, mal einen erfrischenden frisch gepressten Fruchtsaft zu trinken, aber mit gesunder Ernährung hat es nichts mehr zu tun. Oft werden die Bestandteile dieser Getränke aus Konzentraten gewonnen und keiner findet Anstoß daran, obwohl es extra auf der Flasche steht. Es werden künstliche Aromastoffe, Vitamine und Mineralien nur für die Getränkeindustrie hergestellt und den Getränken hinzugefügt.

Merken Sie etwas ? DAS GETRÄNK aller Tiere (und Menschen) IST WASSER !

Über den logisch folgenden weiteren Punkt möchte ich mich hier nur am Rande äußern, dem Punkt Nahrungsergänzungen und Zusatzstoffe. Wie oben schon erwähnt sind diese Verkaufsprodukte nicht mehr in ihrem natürlichen Nährstoffverbund der Pflanze, oder der Frucht der sie entstammen und sind als Konzentrate eher dem medizinischen Bereich zuzuordnen.

Fettsucht

Fettsucht ist eine immer weiter um sich greifende ernährungsbedingte Zivilisationskrankheit und entsteht weder durch die Aufnahme von zu viel Fett noch durch eine zu kalorienreiche Kost, wie oft fälschlicherweise angenommen wird.

Die Ursache der Fettsucht ist indirekt der Vitalstoffmangel in unserer modernen Zivilisationsnahrung. Anstatt sich auf die Vollwertigkeit der Nahrung zu konzentrieren, lässt sich die Lebensmittelindustrie immer mehr dazu verleiten, Nahrungsmittelzusätze, wie Mineralstoffe, Vitamine und Spurenelemente in konzentrierter Form zu verkaufen.

Von den künstlich erzeugten, für die gesunde Nahrung völlig wertlosen Zusatzstoffen einmal abgesehen, sind isolierte Nahrungsmittelzusätze nicht mehr im natürlichen Nährstoffverbund der Pflanze enthalten und haben somit auch nicht mehr den vollen gesundheitlichen Wert, als wenn wir uns vom ganzen Gemüse oder Obst ernähren würden.

Dann sorgen Prozesse der Denaturierung unserer kostbaren Nahrungsmittel dafür, dass weitere Vitalstoffe beseitigt werden oder verlorengehen. Wegen der besseren Haltbarkeit werden Getreidekörner soweit ausgemahlen, dass wichtige und gesunde Nährstoffe, die sich im Keimling und den Randschichten befinden, einfach entfernt werden. So bleibt nur noch das sogenannte Auszugsmehl (Weißmehl oder Graumehl) zurück. Ähnliches gilt für den weißen Reis. Als Ergebnis haben wir dann die gleichen isolierten Kohlenhydrate, wie bereits beim erwähnten isolierten Zucker.

Als wäre das nicht alles schon genug, so erobern in den letzten Jahrzehnten immer mehr „Light"-Produkte den Markt. Hier wird von dem Irrtum ausgegangen „Fett macht fett". Doch Fett ist ein unverzichtbarer und lebenswichtiger Nährstoff, durch dessen Reduzierung nur dem weiteren Nährstoffmangel und somit der Verbreitung der Fettsucht Vorschub geleistet wird.

Weitere Prozesse zur Verlängerung der Haltbarkeit wie Pasteurisierung, Konservierung und Präparierung sorgen für weitere Nährstoffverluste. Und wem das noch nicht reicht, der setzt den Denaturierungsprozess auf dem eigenen heimischen Herd oder Grill fort.

Wie alle ernährungsbedingten Krankheiten hat auch die Fettsucht eine Anlaufzeit von etwa 20 Jahren, bis sie als solche erkannt wird. Aufgrund der Tatsache, dass immer mehr Jugendliche und Kinder von dieser Fettsucht betroffen sind, lässt darauf schließen, dass bereits in vergangenen Generationen eine entsprechend nährstoffarme Ernährung stattgefunden hat. Bereits der tschechische Forscher Bernàsek hat durch Tierfütterungen die Auswirkungen eines Vitalstoffmangels auf die nachfolgenden Generationen eindeutig nachgewiesen.

Wenn jetzt jemand argumentiert: „Nicht die Ernährung sondern die Fehlfunktion der inneren Drüsen ist Schuld an der Gewichtszunahme", so hat er Recht und es würde erklären, warum eine kurzfristige Ernährungsumstellung keine Heilung der Fettsucht, sondern nur eine vorübergehende Gewichtsreduzierung ermöglicht. Das heißt, dass der Vitalstoffmangel nur die Fehlfunktion der Drüsen verursacht, aber nicht die Fettsucht selbst.

Die Fehlfunktion der Drüsen führt zu einem hormonellen Ungleichgewicht im Kohlenhydrat-Stoffwechsel. Die stärke- und zuckerhaltigen Nahrungsmittel werden nicht mehr zu Kohlensäure und Wasser verbrannt, sondern halb oxydiert als Fett in den Fettzellen abgelagert. Damit habe ich zumindest den Versuch unternommen, Ihnen zu beweisen, dass nicht das Fett in der Nahrung der „Übeltäter" ist, sondern eine unzureichende Nährstoffaufnahme.

Nur bei einer für den Menschen artgerechten Ernährung sind im Körper die Verarbeitung aller lebensnotwendigen Nährstoffe und der Abbau und die Ausscheidung aller Gift- und Abfallstoffe gewährleistet.

Falsches Kaloriendenken

Hauptgrund für die immer weiter um sich greifende Gewichtszunahme der „zivilisierten" Bevölkerung sind die völlig falschen Ratschläge einer veralteten Ernährungslehre. Da werden unnötigerweise auf jedem Lebensmittel die im Labor gemessenen Fett- und Kalorienmengen verzeichnet, mit dem Hintergrund, ja nicht zu viel von diesen angeblichen Dickmachern zu verzehren.

Diese vielleicht ursprünglich gut gemeinten Ratschläge führen aber nicht zum langfristigen Erfolg beim gesunden Abnehmen. Denn mit der Fett- und Kalorienreduktion werden auch wichtige Nährstoffe aus der Nahrung genommen. Die bereits erwähnte Fettsucht entsteht aber weder durch zu viel Fett, noch durch kalorische Überernährung. Eben so wenig führt auch eine gesamte Nahrungsreduktion zum Ziel auf lange Sicht.

Die Kalorienbeschränkung bewirkt lediglich eine vorübergehende Symptomunterdrückung, ist aber nicht imstande die zugrundeliegende Störung einer Fettsucht im Sinne einer Heilung oder Besserung nachhaltig zu bewirken. Eine kurzfristige Gewichtsabnahme sollte daher nicht gleich als Beweis für eine Therapie herangezogen werden, weil die sich im Inneren des Körpers abspielenden Stoffwechselstörungen von außen nicht sichtbar sind.

Leider sind wir, wie bei der Schulmedizin wieder bei dem Problem angelangt, dass auch die Lebensmittelindustrie keine Ursachenforschung betreibt und ihr auch keinen weiteren Gewinn bringen würde. Stattdessen war wieder eine neu Idee die Lösung für eine Umsatzsteigerung. Es werden „Light"-Produkte angeboten: mit künstlichem Süßstoff statt Zucker oder „fettreduziert", cholesterinfrei, alkoholfrei, coffeinfrei, laktosefrei, glutenfrei und die Liste geht immer so weiter. Glauben Sie wirklich, dass diese Befreiungsaktionen ohne Verluste vonstattengehen oder auf natürliche Weise passieren ? Es ist immer eine *Denaturierung*, die meist im Chemielabor durchgeführt wird.

Denaturierung – Stevia

Eine weitere Variante ist das Thema „Stevia" welches wegen seiner enormen Süße bei kaum enthaltenen Kalorien als wahres Wundermittel angepriesen wird: endlich kann man damit bedenkenlos seine Speisen und Getränke versüßen. Der Gedanke ist ja gar nicht so falsch, wenn Stevia wirklich so verwendet wird, wie es uns als Pflanze zur Verfügung steht.

Aber Stevia hat nun einen Beigeschmack, den die Lebensmittelindustrie ja den Verbrauchern nicht zumuten kann, also weg damit. Soll man dann vielleicht auf den trockenen Blättern herumkauen, was nun wirklich kein Genuss ist ? NEIN ! Soll man die Blätter zermahlen, dass uns die Krümel auf und zwischen den Zähnen haften bleiben ? NEIN !

Denn wozu haben wir unsere praktischen Chemielabore sowie Erhitzungs- und Raffinadeprozesse, die gleichzeitig die gefährlichen Bakterien abtöten. Die können doch genutzt werden, ist doch auch gar nicht so teuer. Es ist auch viel praktischer, diese Wundersüße in Tropfenform oder als sofortlösliches Pülverchen zu verwenden.

Aber da haben wir sie wieder, ich habe sie bereits in Kapitel 6 beschrieben: die Denaturierung. Wie bei der nährstoffreichen Zuckerrübe sind nun auch beim Stevia alle Nährstoffe, die bei diesem Nahrungsmittel wichtig sind und die wir für eine Verarbeitung im Körper brauchen, einschließlich der mitgelieferten aus Bakterien bestehenden Arbeitstruppe, dahin.

Hier wäre ein Einwand angebracht: Ob ich die Vorgänge bei der Herstellung des Endproduktes Stevia richtig beschrieben habe, weiß ich nicht, ich bin auf diesem Gebiet auch kein Stevia-Fachmann. Es geht mir auch nicht unbedingt um Stevia selbst. Ich möchte meine Leser auffordern, jeder noch so euphorischen Begeisterung Einhalt zu gebieten und zuvor die Hintergründe zu überdenken, was zu dieser Begeisterung geführt hat.

"Brauchen wir die Nährstoffe eigentlich ? Wir haben die ganze Woche reichlich davon gegessen und getrunken und sind völlig beschwerdefrei und kerngesund ! Auch im Labor zeigten sich keine Anzeichen für eine schädliche Wirkung beim Menschen." Endlich darf dieses Wundermittel auf den Markt ! Eine neue Industrie ist geboren, schafft Arbeitsplätze, bringt wieder mehr Steuereinnahmen. Menschen und Staat sind glücklich. Tatsächlich ?

Tatsächlich bleibt doch auch hier wieder einmal die Gesundheit auf der Strecke. Denn Ernährungsfehler werden aufgrund unseres hervorragend funktionierenden Körpers, einem wahren Wunderwerk der Natur, erst Jahrzehnte später durch Krankheiten sichtbar. Diese werden dann fälschlicherweise als altersbedingt und unausweichlich angesehen. Und wenn die Kinder die gleichen falschen Ernährungsgewohnheiten von den Eltern übernehmen und daraufhin schon in ihrer Jugend erkranken, sind diese Krankheiten angeblich genetisch bedingt.

Mit diesen Schuldzuweisungen: "Ich bin unschuldig-Mentalität" macht es sich der Mensch auf der einen Seite sehr leicht und gesundheitlich damit sein Leben zur Hölle.

Sagen Sie mir nicht, dass ich vom Thema abweiche. Es ist notwendig, die Ursache aller ernährungsbedingten Krankheiten zu finden und die liegen nun mal in der falschen Ernährungspolitik unserer Wirtschaftsdiktatur.

Lesen Sie bitte nicht nur ein Kapitel sondern alle. Denn beim Thema Ernährung ist die Nahrungspflanze als Ganzes, der Körper als Ganzes und auch der Zusammenhang nur als Ganzes zu verstehen und als raffinierter Auszug oder als Konzentrat gar nicht zu begreifen.

Diät macht krank

Diät ist eine einseitige Ernährung und der erfolglose Versuch, durch Weglassen wichtiger Nährstoffe ein Mehr an Gesundheit zu erwarten. Sicher ist das Weglassen wichtiger Nährstoffe nicht geplant, sondern diese entsteht durch die gewollte Herabsetzung der Kalorienzahl, also der Energiemenge, die der Körper zur Gesunderhaltung benötigt. Doch wie unsinnig eine Kalorienarme Ernährung ist, habe ich schon in den vorangegangenen Kapiteln erläutert.

Die Hilflosigkeit vieler Menschen wird schon durch die Anzahl der verschiedenen Diäten zur Gewichtsabnahme deutlich dokumentiert. Leider ist eine Diät in keiner Weise der richtige Weg, langfristig ein gesundes Körpergewicht zu erreichen. Denn eine Diät ist immer nur eine kurzfristige Ernährungsform. Und wer kennt ihn nicht, diesen berühmten Jo-Jo-Effekt, der nach einer oder mehrmaligen Anwendung einer Diät entsteht.

Der Entzug lebenswichtiger Vitalstoffe während einer Diät führt bei einer ohnehin schon Nährstoffarmen Ernährung, die Ursache einer Fettsucht ist, zu einem über das normale Maß hinausgehenden Hungergefühl. Dieses kann zu regelrechten Heißhungerattacken nach Ende der Diät führen. Denn das Ziel oder Zwischenziel einer Gewichtsabnahme ist erreicht und der Körper hat ein entsprechendes Nachholbedürfnis an Nahrung.

Professor Werner Kollath (1892-1970) hat eine für den Körper ideale Ernährung in einem einfachen und sehr treffenden Satz zusammengefasst: „Lasst die Nahrung so natürlich wie möglich". Man könnte auch sagen, so wie die Tiere, denn diese sind auch nicht in der Lage, ihre Nahrung zu erhitzen, zu konservieren oder Präparate daraus herzustellen.

Mit dem einfachen Satz von Prof. Kollath kann sich auch jeder selbst die Frage beantworten, ob wir Menschen Fleischfresser, Allesfresser oder was auch immer sind. Wer ist denn schon in der Lage, selbst ein Tier zu töten, zu schlachten und es dann roh zu verspeisen?

Unsere Nahrung ist also umso gesünder, je weniger sie vom natürlichen Urzustand, wie die Natur uns die Nahrungsmittel liefert, abweicht. Mir geht es nicht darum, jeden Menschen zum Vegetarier zu machen. Ich möchte jedem Leser in erster Linie klar machen, mit welchem Weg er seinen größtmöglichen Gesundheitszustand herbeiführen und gleichzeitig ein krankhaftes Übergewicht verringern oder ganz vermeiden kann.

Eine Diät kann für den Körper sogar gefährlich werden, nämlich dann, wenn dem Körper über einen längeren Zeitraum(einige Wochen) einseitig eine ganze Nahrungsgruppe fehlt, wie Fett, Kohlenhydrate oder Eiweiß. Alles was an Nahrung nicht zur Verfügung steht, nimmt sich der Körper aus den vorhandenen Zellen. So können zum Beispiel bei fehlendem Fett auch keine fettlöslichen Vitamine, wie Vitamin A, E, D und K mehr aufgenommen werden. Bei proteinfreier Kost kommt es zu einem Muskelabbau, der sich als Schwäche im gesamten Organismus äußert.

Nun sollte eine einseitige Diät keinesfalls mit einer Fastenkur verwechselt werden. Doch als Ernährungsberater habe ich damit zu wenig Erfahrung und überlasse dieses Thema lieber einem Experten auf diesem Gebiet, wie zum Beispiel dem Heilpraktiker und Gesundheitspädagogen René Gräber:

siehe: http://www.gesund-heilfasten.de

Wie gesund ist Butter?

Butter ist nicht nur gesund, sondern ein hochwertiges Lebensmittel. Leider werden der Butter immer noch Dinge nachgesagt, die auf einem Irrtum beruhen. Dabei wird das Cholesterin in der Butter als Ursache für die cholesterinhaltige Anlagerung an den Gefäßwänden angesehen.

Der menschliche Körper bildet das Cholesterin selbst. Es ist ein notwendiger Stoff, den der Körper dringend benötigt und ist zum Transport der Nährstoffe sowie zum Zellaufbau lebensnotwendig. Darüber hinaus regelt der Körper den Cholesteringehalt im Blut selbst. Denn bei ausreichender Zufuhr von außen wird die Eigenproduktion vermindert oder auch vorübergehend ganz eingestellt.

Was viele nicht wissen, ist nicht nur in tierischen **Fetten**, sondern auch in **anderen** tierischen Produkten Cholesterin enthalten, während dieser Stoff in pflanzlicher Nahrung **gar nicht** vorkommt. Damit war es für einen Laien naheliegend, dass gerade die Butter als Ursache für die zugekleisterten Gefäßwände und den Herzinfarkt angesehen wurde.

Aber nur weil ein Stoff vorhanden ist, ist der Grund für die Haftung an den Gefäßwänden noch nicht gegeben. So führt weder das aufgenommene Fett zur Fettsucht (siehe „Fettsucht"), noch führt das Cholesterin **allein** zu den gefährlichen Gefäßveränderungen.,

Verschiedene Beobachtungen widerlegen die These, dass Butter die Ursache für Arteriosklerose ist und damit ursächlich zum Herzinfarkt beiträgt:

1. Auch bei rein pflanzlicher Ernährung kann der Cholesteringehalt überhöht sein.

2. Der Cholesterinspiegel ist unabhängig von der Zufuhr tierischer Fette oder anderer tierischer Produkte.

3. Selbst bei niedrigsten Fett- und Cholesterinwerten im Blut sind schwerste arteriosklerotische Ablagerungen und Herzinfarkt möglich.

Der gesunde Stoffwechsel im Körper ist in der Lage, das aufgenommene Fett richtig zu verarbeiten, ohne dass es dabei zu krankhaften Gefäßverdickungen kommt. Die Voraussetzung für einen richtig funktionierenden Stoffwechsel liegt zweifellos in der ausgewogenen Ernährung, die alle lebensnotwendigen Vitalstoffe im richtigen Verhältnis zueinander enthält.

Es ist erwiesen, dass die Arteriosklerose und der Herzinfarkt in den letzten Jahrzehnten im gleichen Maße zugenommen haben, wie alle anderen ernährungsbedingten Zivilisationskrankheiten. In diesem Sinne sind auch die Ursachen all dieser Erkrankungen dieselben.

Professor John Yudkin (1910-1995), ein englischer Physiologe und Bakteriologe zeigte 1957 in seinem Buch: „Pure, White and Deadly" den engen Zusammenhang zwischen dem Verbrauch von künstlich isolierten Süßungsmitteln, wie dem Zucker und der *koronaren Herzerkrankung*.

Es handelt sich jedoch nicht um eine fälschlich angenommene Herzerkrankung, sondern um die in den Herzkranzgefäßen ablaufende Arteriosklerose. Sein Buch erschien 1974 auch in Deutschland, mit dem Titel: "Süß, aber gefährlich".

Obwohl seine Forschungsergebnisse als „aufsehenerregend" und „alarmierend" bezeichnet wurden, hielt es keine Institution für notwendig, die Bevölkerung darüber aufzuklären. Ganz im Gegenteil, die Zuckerindustrie fuhr fort mit Ihren unsinnigen Werbesprüchen, wie „Zucker sparen grundverkehrt – der Körper braucht ihn, Zucker nährt." und auch heute noch, jeder kennt die Parole: - - - macht Kinder froh !

Jedes auf dem Markt befindliche Süßungsmittel ist entweder ein denaturiertes und isoliertes Lebensmittel, wie Zucker, Dicksaft, Sirup und andere oder ein Präparat, ein rein künstlicher Süßstoff als Zucker-Alternative.

Auf jeden Fall sollten alle isolierten Kohlenhydrate, wie Fabrikzuckerarten und Auszugsmehle in jeder Form gemieden werden.

Als Alternative schlage ich vor, einfach mal ganze, mit der essbaren Schale pürierte Früchte zum Süßen zu verwenden(Steinobst ohne Kern). Bei Getränken empfehle ich, auf das Süßen ganz zu verzichten(drei Monate durchhalten !!!), dann werden die vom Zucker betäubten Geschmacksknospen auf der Zunge wieder aktiv und die natürliche Geschmacksempfindung kehrt zurück (Mein Espresso*{Genussmittel-kein Getränk}* schmeckt jetzt ohne Zucker viel besser, ich hatte es nicht geglaubt).

Was das gesunde Fett angeht, steht ganz oben auf der Liste das <u>kaltgepresste oder native</u> Pflanzenöl und dann die ebenfalls zu den naturbelassenen Fetten gehörende Butter. Diese kann niemals als Grund für eine Erkrankung herangezogen werden. Denn seit Jahrtausenden haben die Menschen das gesunde Milchfett, wie Butter und Sahne genossen, ohne davon krank zu werden, oder gar einen Herzinfarkt erlitten zu haben.

*)Wissenschaft ist die Summe aller Beobachtungen der Natur, das Ablehnen einer einzigen Beobachtung ist nicht wissenschaftlich.

Wie ungesund ist Margarine?

Wer der Herstellung der Margarine einmal auf den Grund geht, wird feststellen, dass es sich bei diesem Produkt weder um ein rein pflanzliches noch um ein natürliches Streichfett handelt. Für meine Begriffe handelt es sich mehr um ein chemisches industrielles Schmierfett, welches nicht im Entferntesten irgendetwas mit natürlicher und lebendiger Nahrung zu tun hat. Nur weil ein gewisser Anteil aus natürlich gewachsenen Pflanzen gewonnen wird, ist es doch nur ein totes, chemisches Präparat. Urteilen Sie selbst:

Napoleon ist an allem Schuld. Weil Butter beim Transport in wärmere Kriegsgebiete immer zerfloss und schnell verdarb, setzte er einen Preis auf die Erfindung eines alternativen Ersatzstoffes aus. Aber erst metallische Katalysatoren wie Eisen, Nickel und Kobalt machten es 1869, lange nach des Kaisers Tod, möglich, chemische Doppelbindungen im Fett in gesättigte Einfachbindungen, **die wir heute mit dem Verzicht auf Butter vermeiden wollen**, zu verwandeln. Damit konnte endlich vormals flüssiges Öl aufs Brot gestrichen werden.

Die üblichen Margarinen enthalten vorwiegend pflanzliche Öle, die aus verschiedenen Nüssen und Samensorten bestehen. Die verwendeten tierischen Fette bestehen aus Walöl, Heringsöl sowie Fette aus bekanntem Schlachtvieh, zum Beispiel Rindertalg. Wollen wir es vorerst dahingestellt lassen, ob nun pflanzliche Fette gesünder seien als tierische Fette. Denn bei der Herstellung der Margarine ist das schon gar nicht mehr so wichtig.

Nachdem zwischen 1920 und 1950 zahlreiche neue chemische Zusatzstoffe erprobt wurden, um den Geschmack, die Optik und Streichfähigkeit des gehärteten Pflanzenöls, meist Soja, zu verbessern, wird heute hauptsächlich Rapsöl verwendet. Damit wurde aber weniger die Margarine gesundheitlich verbessert, als der Anblick der schönen gelben Rapsfelder im unendlichen Grün des Frühjahrs.

Leider überwiegt heute noch immer die Angst vor dem „bösen Cholesterin" und den „gefährlichen" gesättigten Fettsäuren in der naturbelassenen Butter, als vor den Trans-Fettsäuren, die im Härtungsprozess bei der Margarine-Herstellung entstehen. Hier wird aber übersehen, dass bei der Härtung der Pflanzenöle ebenfalls gesättigte Fettsäuren entstehen.

Mit der Idee einer Teilhärtung soll dem Verbraucher eine gesündere Margarine vorgetäuscht werden, ohne zu erwähnen, dass sich diese Trans-Fettsäuren in den Fettzellen und Zellmembranen des Körpers ablagern und damit das Immunsystem, die Fruchtbarkeit und den Stoffwechsel empfindlich stören: Dies fördert die Zuckerkrankheit, behindert das Wachstum von Nerven und Hirnzellen beim Embryo und verringert die Qualität der Muttermilch.

Letztendlich hat ein solches in der Fabrik künstlich konstruiertes Schmierprodukt jeden gesundheitlichen Wert verloren. Schon jetzt bleiben im Endprodukt Spuren von toxischen Giftstoffen zurück wie Nickel und Aluminium. Es ist noch nicht voraussehbar, welche gesundheitliche Schäden und Spätfolgen bei weiterhin vorgenommenen Änderungen in den Produktionsabläufen noch auf den verunsicherten Margarine-Verzehrer zukommen.

Wie viel Trinken ist gesund?

Vor hundert Jahren hat sich noch niemand darum Gedanken gemacht, wie viel man täglich trinken sollte. Die Frage danach ist heute genauso unsinnig wie damals. Niemand käme auf die Idee etwas mit Gewalt in sich hineinzufressen, solange man keinen Hunger hat. Warum sollte dies beim Trinken anders sein. Wer Flüssigkeit braucht, bekommt Durst. Ein Warnsignal, nichts mehr zu trinken gibt es nicht. Der Schöpfer, die Evolution oder wer auch immer, wäre gar nicht auf die absurde Idee gekommen, dass jemand aus irgendwelchen Gründen nach gelöschtem Durst weitertrinken würde.

In unserer lebendigen Nahrung ist im Durchschnitt schon etwa 80% Wasser enthalten. Das wären bei 2 kg Nahrung schon $1^1/2$ Liter Wasser. Kochen wir einen Teil der Nahrung, entweicht Wasser und wir bekommen Durst. Essen wir etwas Salziges oder etwas Süßes, bekommen wir Durst. Laut Umfragen, haben die meisten Menschen Probleme, die empfohlenen 2-3 Liter extra Flüssigkeit zu sich zu nehmen, weil sie gar keinen Durst haben. Dennoch zwingen sich viele dazu, weil es empfohlen wird und angeblich die Gesundheit fördert.

Wir brauchen uns gar keine Gedanken zu machen, dass wir austrocknen könnten. Der Durst sorgt schon instinktiv dafür, dass das nicht passiert. Wer viel Sport treibt, braucht durch das Schwitzen mehr Wasser. Aber keine Angst, wer viel schwitzt bekommt automatisch Durst, damit er etwas trinkt. Wer nur am Schreibtisch sitzt und nicht schwitzt, bekommt damit auch keinen Durst und muss nichts zusätzlich trinken. Wenn es sehr warm ist, beginnen wir zu schwitzen, um damit den Körper von außen abzukühlen. Mit dem Wasserverlust bekommen wir Durst und können diesen Verlust durch Trinken wieder ausgleichen.

Tipp: ein feuchtes Tuch im Nacken kühlt den Körper auch ab, vermindert aber das Schwitzen. Wer meint, er könne mit der zusätzlichen Flüssigkeit sogenannte Schlacken ausschwemmen, ist auf dem falschen Weg. Bei gesunder vitalstoffreicher Ernährung können sich gar keine Schlacken bilden.

Und bei falscher, nährstoffarmer und eiweißreicher Ernährung, kommt es im Körper zu Ablagerungen von Fett, Cholesterin, Kalk und Eiweißen. Diese Ablagerungen sind aber keine Schlacken und können auch nicht einfach ausgeschwemmt werden. Diese Vorstellung ist primitiv und auch wissenschaftlich nicht nachvollziehbar.

Zu viel trinken bringt dem Organismus nur Nachteile. Die Niere kann nicht einfach wie schmutzige Wäsche durchspült werden, bis sie „sauber" ist. Dieses Organ muss die ganze Flüssigkeit Tropfen für Tropfen aktiv bearbeiten, damit sie als Harn ausgeschieden werden kann.

Außerdem gibt es in der Niere die sogenannten Schutzkolloide. Diese halten die harn- phosphor- und oxalsauren Salze im Harn des Nierenbeckens in gelöster Form und verhindern damit die Nierensteinbildung. Zur Bildung der Schutzkolloide sind die Schleimhautschutz-Vitamine A, D und E notwendig. Mit einer übermäßig hohen Flüssigkeitszufuhr werden diese Schutzkolloide verdünnt und vermindern damit ihre Funktion. Dadurch können sich dann leichter Nierensteine bilden.

Auch für den übrigen Organismus stellt die übermäßige Wasserzufuhr eine erhebliche Belastung dar. Er muss diese Flüssigkeitsmenge durch den Körper transportieren, die Därme müssen sie resorbieren und das Herz muss sie durch die Gefäße treiben.

Entlasten Sie Ihren Körper *(Arbeitskräfte sind hier nicht gefragt!)*

Immer wieder stellen wir unsere geniale Anatomie in Frage und arbeiten als Weltverbesserer gegen die Natur. Hören wir lieber auf unseren Instinkt und nutzen unseren Verstand. Ernährung ist einfach und braucht keine Wissenschaft. Alle Tiere können sich richtig ernähren ohne sich um einen Fortschritt zu kümmern. Dem Menschen steht der Fortschritt leider manchmal im Weg.

Unser täglich Brot . . .

Getreide gehört schon seit Jahrtausenden zum Grundnahrungsmittel des Menschen. Das Getreide wurde in Mörsern zerstampft oder in Wasser eingeweicht und zu Brot weiterverarbeitet. Als man schließlich begann, das Getreide in großen Mühlen auf Vorrat zu schroten oder zu mahlen, stellte man fest, dass es sehr schnell ranzig wurde. Das lag an dem hohen Fettanteil im Keim und den Randschichten des Korns.

Der Mensch war aber erfinderisch und fand eine Möglichkeit, diesen Fettanteil vor dem Mahlen einfach zu entfernen. Damit war das Auszugsmehl geschaffen und das Mehl war fast unbegrenzt haltbar. Damals kannte man noch keine Vitalstoffe und wusste demzufolge auch nicht, dass gerade mit dem Keim und den Randschichten auch die lebenswichtigsten Stoffe aus dem Getreide entfernt wurden.

Der Keim enthält natürlich als Grundlage neuen Lebens die meisten Wirkstoffe wie hochwertiges Eiweiß und Keimöl, B-Vitamine sowie Mineralstoffe und Spurenelemente. Der Mehlkern besteht vorwiegend aus Kohlenhydraten und Kleber, der später das Brot zusammenhält. Dieser Kern wird von mehreren Randschichten geschützt: Die Aleuronschicht, eine Eiweiß und Ölschicht mit Lezithin, Fermenten und Vitaminen. Dann folgen die mineralstoff- und eiweißreiche Samenschale sowie die Fruchtschale mit Vitaminen und Ballaststoffen.

So wurde dem Vollgetreide gerade das wichtigste Drittel vom Gesamtgewicht entzogen. Daraus ist ersichtlich, dass im Mehlkern, woraus das Auszugsmehl vorwiegend besteht, kaum brauchbare Vitalstoffe enthalten sind. Das war der Beginn unserer verheerenden ernährungsbedingten Zivilisationskrankheiten. Erst viele Jahrzehnte später hat man festgestellt, dass der Verzehr dieser Mehle zu Krankheiten führt.

Es dauerte 30 Jahre, bis die ersten Degenerationserscheinungen durch den Vitalstoffmangel durch Auszugsmehle erkennbar wurden. Da man noch keine Vitamine kannte, war es auch kaum möglich, die neuen Krankheiten ursächlich auf den Verzehr dieser Mehle zurückzuführen. Obwohl mittlerweile genügend Beweise vorliegen, dass Gesundheit nur mit Vollgetreide möglich ist, sind die Regale der Supermärkte noch immer vorwiegend mit Produkten aus reinen Auszugsmehlen gefüllt.

Für eine bessere Gesundheit ist es für den Verbraucher unerlässlich, sich mehr für Vollkornprodukte zu entscheiden oder am besten sich seine Brötchen oder Brot selbst zu backen. Wenn Sie sich für Nudeln aus Vollkorn entscheiden, so ist die Kochzeit meist etwas länger. Für den Anfang oder die Zeit der Umgewöhnung ist es ratsam, nach dem Kochen ein gutes Stück Butter über den Nudeln schmelzen zu lassen. Butter ist gesünder, als Sie denken.

Wussten Sie, dass wir so gut wie alle unter Vitalstoffmangel leiden, obwohl wir mehr als genug zu essen haben und gerade die Auszugsmehle und alle Fabrikzuckerarten für die meisten Zivilisationskrankheiten auf unserem Planeten verantwortlich sind?

Energiespender Zucker

Wer behauptet, Zucker sei ein wichtiger Energiespender für den Körper, hat genau so Recht, wie Jemand mit der Behauptung, Fabrikzucker ist schädlich und macht krank.

Wichtig ist dabei, zu wissen, dass es sich hier um völlig voneinander unterschiedliche Zuckerarten handelt. Jetzt ist wieder Ihr gesunder Menschenverstand gefragt, dann hätten Sie schon die Antwort darauf. Überlegen Sie nur einmal, warum wildlebende Tiere gesünder sind, als die Menschen.

Welches Tier bringt seine Zuckerrübe in die Fabrik, um mit dem daraus gewonnenen Zucker seine Getränke zu süßen ? „Welch ein Unsinn ?" werden Sie mit Recht fragen: Und doch macht der Mensch das jeden Tag — leider aus lauter Gewohnheit und ohne darüber nachzudenken.

Der Mensch, das fortschrittlichste Wesen, hat sich schon so weit von der Natur entfernt, dass er gar nicht mehr weiß, wie er sich gesund ernähren kann oder sollte. Alle wollen ins Paradies, aber alle entfernen sich jeden Tag etwas mehr davon. Die Natur ist so brillant, dass jede Nahrungspflanze schon alle notwendigen Nährstoffe und die zur Verarbeitung nötigen Stoffe mit sich bringt.

Alle energiespendenden Inhalte, nämlich die Kohlenhydrate oder Zuckerstoffe sind darin bereits enthalten und zur Gesunderhaltung des Tieres (Menschen) gedacht und erforderlich. Der Mensch hat nur ein Problem, er versucht alles von der Natur Geschaffene erst einmal in Frage zu stellen, zu „veredeln", zu „verbessern" oder je nach Wissensgebiet nach seinen Vorstellungen zu verändern und versagt dabei kläglich.

Der Mensch versteht ja nicht einmal, dass die Natur uns mit Krankheiten auf den richtigen Weg bringen will. Er leidet lieber Höllenqualen, als die Schuld bei sich selbst zu suchen und aus den eigenen Fehlern zu lernen. Oder anders gesagt, was interessiert mich die Gesundheit anderer Leute, solange ich gut an deren Krankheiten verdiene.

Zurück zum Thema: Der wichtige Energiespender, der Zucker ist in jeder pflanzlichen Nahrung schon enthalten und genau in dieser Form lebenswichtig. So gesehen ist Zucker kein schädliches Konzentrat, sondern gesund und ein in der Nahrung wichtiges Element.

Fabrikzucker ist etwas ganz anderes. Es ist ein künstlich hergestelltes Süßungsmittel ohne jeden Geschmack und ohne jeden gesundheitlichen Wert, denn der wurde entfernt. Dabei ist es unerheblich, ob der Grundstoff natürlichen Ursprungs oder auf chemischem Wege künstlich hergestellt wurde. Fabrikzucker ist und bleibt ein ungesundes und krankmachendes Konzentrat.

Fabrikzucker ist am häufigsten ursächlich an ernährungsbedingten Zivilisationskrankheiten beteiligt und kann auch in kleinen Mengen zu Unverträglichkeiten naturbelassener Lebensmittel führen. Fabrikzucker ist Ursache für den sogenannten Altersdiabetes und nachweislich für Karies besonders bei Kindern verantwortlich. Außerdem kann dieser Zucker zur Sucht führen und fördert den Hunger auf Süßes.

In jedem Obst, Zuckerrübe und Zuckerrohr sind verschiedene Zuckerarten, wie Fruchtzucker, Rohrzucker und Traubenzucker im Verbund enthalten. Alle Kohlenhydrate werden im menschlichen Organismus über Traubenzucker zu Kohlensäure und Wasser abgebaut. Erst dabei werden die Energien freigesetzt, die den Menschen am Leben erhalten.

Für diese chemischen Prozesse sind im Körper 5 verschiedene B-Vitamine notwendig, die in den Früchten bereits enthalten sind. Wenn diese Vitamine fehlen, ist dieser Abbau-Prozess entweder nicht möglich oder diese Vitamine werden aus dem Körper abgebaut. Darum wird Zucker auch als Vitamin-B-Räuber bezeichnet.

Der Getreidekeim enthält ebenfalls wichtige B-Vitamine, die beim Auszugsmehl jedoch fehlen. So kommt es bei Fabrikzuckerkonsum und gleichzeitigem Verzehr von aus Auszugsmehl gebackenem Weiß- oder Graumehl zu einem enormen Vitamin-B-Mangel. Dabei darf man sich über durch Vitamin-Mangel hervorgerufene Zivilisationskrankheiten nicht mehr wundern.

Bei Kindern ist der Fabrikzucker der häufigste Grund für Appetitlosigkeit. Das Verlangen nach Süßem wird meist falsch gedeutet und ist ein Anzeichen dafür, dass dem Kind bereits etwas fehlt. Wenn man diesem Verlangen mit Süßigkeiten nachgibt, entsteht daraus ein chronischer Vitamin-B-Mangel, besonders Vitamin B_1.

Es ist sehr leicht, die Kinder aus dieser ausweglosen Situation zu befreien. Gibt man ihnen statt Süßigkeiten, jedes Mal süße Früchte zum Essen und statt Produkten aus Auszugsmehl, Vollkornprodukte, so ist dieser Spuk bereits nach wenigen Tagen vorbei und auch der Appetit wird sich nach und nach wieder normalisieren. Auch hier gilt wieder: Glauben Sie mir nicht, sondern probieren Sie es aus, aber konsequent!

Warum tiereiweißfrei?

Wenn wir uns Generationen später noch gesund und auch ausreichend ernähren wollen, ist es zwingend erforderlich, unsere Ernährung weltweit mehr auf pflanzliche Vollwertkost umzustellen. Wir verzehren heute etwa zehnmal so viel Fleisch, Fisch, Eier, Milch und Milchprodukte wie vor hundert Jahren. Damit werden tierische Erzeugnisse schon längst zu den selbstverständlichen Grundnahrungsmitteln gerechnet. Unsere wertvollen Nahrungspflanzen werden heute vorwiegend an Weidetiere verfüttert, die später unserem eigenen Fleischverzehr dienen.

Der Umweg der vitalstoffreichen Pflanzennahrung, die diese Tiere fressen und die wir anschließend als Fleisch verzehren, führt beim Menschen zur Tiereiweißmast und kostet uns unsere Gesundheit. Die altbekannte Vierfelder-Wirtschaft wird immer mehr Richtung Fleischwirtschaft verschoben. Ackerflächen, die bisher vorwiegend zum Anbau von Lebensmittelpflanzen dienten, werden in Weideland umgewandelt. Nur die tierquälerische Massentierhaltung ermöglicht uns noch, unsere krankmachende Fleischgier zu befriedigen.

Diese Art der Ernährung beschert uns bei einem enormen Ressourcen-Einsatz eine Verlustrate von bis zu 80% gegenüber reiner Pflanzennahrung. Hinzu kommen der Einsatz von Antibiotika und Hormonelle Wirkstoffe, ohne die eine Massentierhaltung in der heutigen Form nicht mehr auskommt.

Der Verzicht auf tierische Eiweiße, besonders in erhitzter, denaturierter Form, ist eine gesundheitliche Bereicherung. Viele Erkrankungen könnten ohne Fabriknahrung bei einer gleichzeitigen vitalstoffreichen Vollwertkost verhindert werden. Dazu zählen Rheumatische und Gelenk-Erkrankungen, viele Allergische Erkrankungen, darunter auch Asthma, Gefäßerkrankungen sowie einige Hauterkrankungen und die allgemeine Infekt-Anfälligkeit.

Dazu ein Zitat von Dr. med. M. O. Bruker: *„Der Allergiekranke kann wieder geheilt werden. Da bei jeder Allergie, gleich um welche Krankheit es sich handelt, eine Störung der Antigen-Antikörper-Reaktion vorliegt, und diese sich im Eiweißstoffwechsel abspielt, ist eine Vermeidung des tierischen Eiweißes notwendig. Je strenger dies durchgeführt wird, umso sicherer ist die Heilung, die allerdings meist Jahre dauert, da sie auch Jahrzehnte zu ihrer Entwicklung benötigt."*

Ein Gewohnheitsfleischesser fragt sich jetzt wahrscheinlich, was kann ich denn überhaupt noch essen, wenn ich auf alles Tierische und jede Fabriknahrung verzichten muss? Sie müssen nicht jammern — Sie wollen sich freuen:

Denn Sie haben 2 Möglichkeiten: 1. Entweder jammern Sie über Ihre Krankheiten oder Sie jammern über den Fleischverzicht oder 2. Sie freuen sich über Ihre Gesundheit und freuen sich über ein größeres Lebensmittel-Angebot als Sie es jemals zuvor gekannt haben:

Wie sieht eine tiereiweißfreie, nährstoffreiche und lebendige Vollwertkost aus?

Folgende Lebensmittel stehen Ihnen in natürlicher Form zur Verfügung:

- Viele Getreidearten lassen sich fast unbegrenzt in Körnerform lagern: frisch gemahlen, geflockt oder gekeimt für eine Fülle an frisch zubereiteten Speisen.
- alle möglichen Nussarten, Mandeln und Ölsaaten.
- Unbegrenzt viele Obst und Gemüsesorten, Kartoffeln, Hülsenfrüchten und unerhitzte Gefrierkost(nicht blanchiert).
- natürliche Speisefette wie Butter, Sahne und Sauerrahm (Hochfettstufe*) und kaltgepresste Pflanzenöle.
- natürliche Süßungsmittel wie Honig und süße frische Früchte.
- Gewürze, Wildkräuter.

Soweit möglich, sollten alle Erzeugnisse aus ökologischem Anbau stammen. Achten Sie auf Warenzeichen der ökologischen Anbauverbände wie „Demeter", „Bioland", „Biopark", „Naturland", „Ökosiegel" usw.

Bei dieser Ernährungsweise fallen viele toxische Substanzen weg, die vorher vor allem bei der Tierhaltung im sogenannten Kraftfutter als Restbestände in unserer Nahrung dabei waren. Hinzu kamen Stoffe zur Konservierung, Farbstoffe, Geschmacksverstärker, Emulgatoren und andere Fremdstoffe, die teilweise nicht einmal auf der Zutatenliste stehen brauchen.

Sollten Sie sich erst an eine tiereiweißfreie Vollwertkost gewöhnt haben, so sehen sie die oben genannten Lebensmittel mehr als Bereicherung an, als dass Sie die im folgenden Kapitel am Anfang aufgeführten Nahrungsmittel als Verzicht sehen.

*)Milchfett-Produkte der Hochfettstufe enthalten vernachlässigbar geringe Mengen an Eiweiß.

Lebendige Vollwertkost

Machen Sie sich endlich frei von
➢ Fleisch, Fisch, Eiern und Produkten daraus.
➢ Fisch und Produkten daraus.
➢ Milch und Produkten, die Milcheiweiß enthalten
(Milchfett-Produkte der Hochfettstufe enthalten vernachlässigbar geringe Mengen an Eiweiß).
➢ allen Fabrikzuckerarten.
➢ Auszugsmehlen und Produkten daraus.
➢ Fabrikfetten, erhitzten Fetten und Produkten damit.
➢ Extrakten, Präparaten, Sojaprodukten* und anderen Fertiggerichten.

Denn diese Gerichte passen nicht in eine vitalstoffreiche und lebendige Vollwerternährung.

*) *Der Verbrauch der eiweißreichen Sojaprodukte nimmt weltweit immer mehr zu. Um diesen Bedarf zu decken, kommen immer öfter genetisch veränderte Sojapflanzen zum Einsatz. Ob diese auf den Endprodukten tatsächlich gekennzeichnet sind, ist mehr als zweifelhaft. Ebenso sind die damit verbunden gesundheitlichen Risiken noch nicht vorhersehbar.*

Immer wieder kommt die von den Medien geschürte Angst der Verbraucher zum Ausdruck, man könne ohne tierische Produkte seinen Eiweißbedarf nicht decken. Diese Angst ist völlig unbegründet, denn wer sich abwechslungsreich ernährt, bekommt mit dem Eiweiß aus Getreide- und Gemüsepflanzen nicht nur genug Eiweiß, sondern auch alle für den menschlichen Organismus lebensnotwendigen Aminosäuren. So ist auch der Verzehr von Sojaprodukten gar nicht notwendig.

Bereits vor Jahrzehnten wies die Welternährungsorganisation (FAO) nach, dass ein Tagesbedarf von 35g rein pflanzlichem Eiweiß für volle Gesundheit und Leistungsfähigkeit ausreichend sind. Selbst einige Body-Builder sind von pflanzlichen Eiweißen überzeugt und brauchen keinerlei Nachteile bei ihrem Muskelaufbau in Kauf nehmen. Ihr Erfolg ist der Beweis.

Zur Information:

Der Eiweißgehalt der pflanzlichen Mischkost liegt bei 5-8%. Getreide allein hat etwa 8-15%, Hülsenfrüchte, Nüsse und Ölsaaten enthalten bis zu 20% Eiweiß. Sei hier noch erwähnt, dass der Kalziumgehalt reiner Pflanzenkost durchschnittlich wesentlich höher liegt, als der der tierischen Produkte.

Bei Umstellung auf vitalstoffreiche Vollwertkost erfolgt meist problemlos, kann jedoch gelegentlich zu Unverträglichkeitserscheinungen, wie Bauschmerzen, Blähungen, Völlegefühl, Sodbrennen und dergleichen führen, die aber harmlos sind und nach ein oder zwei Tagen wieder verschwinden. Zu deren Vermeidung ist jedoch ein konsequenter Verzicht auf Fabrikzucker und Auszugsmehle Voraussetzung.

Vitalstoffreiche Vollwertkost ist für alle Menschen gleichermaßen gesund, sobald Sie aus der Stillzeit heraus sind. Der Einfachheit halber sollten alle Familienmitglieder von Anfang an dabei sein. Denn es macht keinen Sinn, wenn sich Kinder plötzlich allein von ihrem Lieblingsessen verabschieden sollen, nur weil es vielleicht eine bestimmte Krankheit oder Übergewicht hat und alle anderen essen weiter wie bisher.

Grundnahrungsmittel Frischkost:

In der täglichen Ernährung spielt Frischkost, also frisches Obst und Gemüse in roher Form die wichtigste Rolle überhaupt. Ihr Reichtum an Vitalstoffen und naturbelassenen Nährstoffen, vor allem Eiweiße, sind durch nichts anderes zu ersetzen. Nur mit Frischkost bleibt der menschliche Organismus auf Dauer vor Mangelerscheinungen bewahrt.

Die weit verbreitete Meinung, unsere Nahrung müsse durch Kochen aufgeschlossen und damit leichter verdaulich gemacht werden, ist blanker Unsinn. Jeder kann es selbst an sich beobachten, dass bei einer reichlichen Mahlzeit aus Frischkost, also ungekocht, nach dem Essen keine Müdigkeit auftritt. Dagegen tritt nach einer Hauptmahlzeit aus herkömmlicher gekochter Nahrung immer eine gewisse Trägheit und Müdigkeit auf, weil diese durch Erhitzung denaturierten Speisen schwerer verdaulich sind.

Der Vergleich aus der Tierwelt, z.B. bei Primaten zeigt, dass diese auch ohne gekochte Nahrung sich an einer ausgezeichneten Gesundheit erfreuen. Der Fachbegriff „Verdauungsleukozytose" sei hier erwähnt. Danach steigt nach einer Mahlzeit aus gekochter Nahrung die Zahl der weißen Blutkörperchen im Blut an, zur Abwehr von „Fremdstoffen".

Diese Leukozytose, die für die anschließende Müdigkeit verantwortlich ist, entsteht bei einer Mahlzeit aus Frischkost nicht. Bei einer Mahlzeit aus Frischkost und anschließender gekochter Nahrung, tritt diese Leukozytose auch nicht auf. Aus diesem Grunde sollte ein Stück rohes Obst besser vor der Hauptmahlzeit gegessen werden und nicht, wie allgemein üblich, im Anschluss daran.

In einer Familie sollte die Art der Zubereitung immer zu einer möglichst gesunden Kost beitragen. Dazu gehört eine phantasievolle und abwechslungsreiche Gestaltung und Auswahl der Frischkost in Farbe und Form. Auch Kräuter und Gewürze spielen dabei eine wichtige Rolle. Frischkost sollten im Gegensatz zum Fleisch jedoch nicht zusätzlich gesalzen werden um den Geschmackssinn nicht zu betäuben. Aus dem gleichen Grund macht auch zusätzliches Süßen keinen Sinn.

Die Fetthysterie

Wie wichtig Fett für unseren biologischen Organismus ist, habe ich schon in den Kapiteln über Fettsucht, Butter und Margarine beschrieben. Trotzdem möchte ich hier nochmals darauf hinweisen, weil mit einem reduzierten Fettverzehr es wiederum zu einem Vitalstoffmangel kommt und damit eine vorhandene Fettsucht weiter voranschreitet.

Nicht nur der unnatürliche geringe Fettanteil einiger Lebensmittel macht auf Dauer krank, sondern auch die fabrikatorischen Verfahren, den Fettanteil zu reduzieren, wirken sich nachteilig auf eine gesunde Ernährung aus. Denn wie schon bei der Herstellung der Margarine, werden auch dafür Erhitzung und chemische Verfahren eingesetzt, mit denen die Lebensmittel denaturiert werden.

Wichtig bei jedem Fett ist die Art und Weise der Gewinnung. Ich sage ganz bewusst nicht „hergestellt", weil das sich sofort wieder nach Fabrik anhört. Naturbelassene Fette werden nur mechanisch und nicht industriell gewonnen. Nur wenn alle biologischen Wirkstoffe und sich ihre Fettsäuren noch im natürlichen Verbund befinden, ist ein reibungsloser Fettstoffwechsel im Körper gewährleistet.

Bei Pflanzlichen Ölen aus Samen der Nüsse, Mandeln und Ölsaaten ist nur eine Kaltpressung die Garantie, dass diese Fette keinem Raffinade-Prozess unterzogen wurden. Ansonsten ist es der Sauerrahm der Kuhmilch, woraus durch rein mechanische Vorgänge die Schlagsahne und Butter hergestellt werden.

In der Fettindustrie ist eine hohe Fettausbeute aus den Rohstoffen bei niedrigen Produktionskosten das Ziel. Mit Gesundheit wird hier kein Gewinn erzielt. Mit Wasser und hohen Temperaturen bis 200°C werden mit Hilfe chemischer Extraktionslösungen, wie Leichtbenzin, gewonnene Rohöle von ungenießbar in genießbar umgewandelt. Wobei genießbar keinesfalls mit gesund verwechselt werden sollte.

Diese toten Fette sind frei von jeglichen Vitalstoffen und das natürliche Fettsäuremuster wurde zerstört. Sie bilden das Grundgerüst für sogenannte „programmierte" Fette mit besonderen technischen Eigenschaften, wie streichfeste oder kühlschrankflüssige Öle, Margarinen, Frittierfette, Trennfette, Fette für Fertiggerichte, Knabberwaren und sogar Fette für Babynahrung – welch ein Irrsinn !

Mit derartigen raffinierten Industriefetten kann der tierische oder menschliche Organismus auf Dauer nicht mehr fertig werden. Denn der natürliche Fettabbau zu Kohlendioxid und Wasser ist durch den Umbau der Fettsäuren und dem Fehlen biologischer Wirkstoffe so gut wie ausgeschlossen. Der geringe Vitalstoffverlust naturbelassener Fette in der heimischen Bratpfanne ist mit dem der industriellen Zerstörung nicht mehr zu vergleichen.

5. Sondermüll in der Nahrung

Giftiges Aluminium

Wussten Sie eigentlich, dass Aluminium sich als Mitverursacher von Demenzkrankheiten, wie Alzheimer, Parkinson und Altersdemenz, im Gehirn der Betroffenen ablagert. Vielen Menschen ist erstens gar nicht bewusst, dass Aluminium giftig ist und zweitens wie oft wir tagtäglich damit in Berührung kommen.

Mir geht es als Ernährungsberater primär darum, die Menschen über die Gefahren von Giftstoffen in unserer täglichen Nahrung aufzuklären und um Möglichkeiten aufzuzeigen diese Gefahren zu Minimieren. Wer hat nicht schon einmal schwarze Finger bekommen, wenn er beispielsweise eine Aluleiter bestiegen hat ? So stark, wie Aluminium die Hände schwärzt, so leicht nehmen wir es mit unserem Organismus schon über die Haut auf.

Doch wie sieht es dann erst mit unserer Nahrung aus ? Haben Sie schon einmal darauf geachtet, wie viele Nahrungsmittel und Medikamente in Aluminium verpackt sind und worin Aluminium enthalten ist ? Es gibt Pulver, oder harte, trockene Teeblätter, die durch Reibung an der inneren Beschichtung einer Verpackung das Aluminium lösen. Oder Flüssigkeiten wie Säfte, Soßen oder Fertiggerichte, die mit ihrem Säuregehalt Aluminium von der Innenseite von Tüten oder Dosen lösen.
Trinken Sie nichts aus Aludosen!

Nehmen wir die praktische Alufolie, sie hält warm, lässt sich gut verschließen und überall kommt sie mit unserer Nahrung in Berührung: Brathähnchen, Döner, Wraps, Pizza-Ecken, Folienkartoffeln. In einigen Schnellrestaurants werden komplette Menüs in Aluschälchen serviert. Genauso liefern die meisten Essen-Bringe-Dienste ihre Speisen in Alubehältern aus.

Es geht noch weiter: Wissen Sie, wie Milch aufbewahrt wird ? Alutanks in der Molkerei, Alu-Tankwagen zum Transport, Alu-Fässer für kleine Mengen. Früher waren Alu-Milchkannen üblich, dafür gibt es heute die Milchtüten: Außen giftfreie Pappe, innen mit Aluminium beschichtet. Das gleiche bei Hafermilch, Sojamilch, Schokodrinks.

Es ist doch so praktisch: mit Trinkhalm aufstechen und trinken. Daheim wird die Milch vielleicht noch erhitzt. Kein Problem, Alutöpfe sind OUT! Dafür nehmen wir jetzt einen Teflon-Topf. Falsch gedacht, auch Teflon enthält Aluminium. Dann gibt es Brotbackautomaten, Coffeemaker, Fritteusen; ist der Behälter aus Aluminium oder Teflon-Beschichtet ?

Der Joghurt für Zwischendurch, Deckel aufreißen und rauslöffeln ist praktisch.Ob Joghurt gesund ist, soll hier mal Nebensache sein. Aber was machen wir anschließend, im Becher ist nicht viel drin und man will Alles, also Aludeckel ablecken ! Seid Ihr denn wahnsinnig ?

Alles klar ! Ich kaufe nichts mehr, was in Aluminium verpackt ist, meine Alufolie werfe ich in den Müll und meine Küchengeräte, die Aluminium enthalten werden verschrottet. Aber wird Ihnen das helfen ?

Die Aluminium-Industrie hat das vorausgesehen und die Fertignahrung bereits mit Nachschub versorgt:

<u>Farbstoff</u> Aluminium (E173), <u>Stabilisatoren</u> Aluminium-sulfat (E250), Aluminium-natrium-sulfat (E521) und Aluminium-ammonium-sulfat(E523), <u>Trennmittel</u> Natrium-aluminium-silikat(E554), Kalium-aluminium
silikat(E555), Calcium-aluminium-silikat(E556) und Calcium-
luminat(E598).

Mit Medikamenten geht´s weiter: Aluminium gegen Magenprobleme.

Zu Risiken und Nebenwirkungen fragen Sie die Aluminium-Industrie oder Ihren Arzt oder Apotheker.

Lesen Sie:

www.zentrum-der-gesundheit.de/alzheimer-**aluminium**-trinkwasser-ia.html

www.zentrum-der-gesundheit.de/pdf/**aluminium**-in-lebensmitteln-ia_05.pdf

http://www.food-detektiv.de/exklusiv.php?action=detail&id=12

http://www.youtube.com/watch?v=tD48kOKSe3s **(12Min-Video)**

Andererseits brauchen wir Aluminium ! Wir sollten es nur nicht dort einsetzen, wo es mit Lebensmitteln oder Medikamenten in Berührung kommt und dort kunststoffummantelt, wo wir es berühren müssen.

Jod und Fluor (Sondermüll)

Es stellt sich die Frage, welches Gift ist eigentlich weniger gefährlich ? Aluminium muss nicht als Sondermüll entsorgt werden, vielleicht weil die Ausmaße einer Vergiftung erst im „Alter" sichtbar werden. Doch von welchem „Alter" sprechen wir hier, wenn es sich auf der Zeitskala immer mehr Richtung Jugend verschiebt ?

Jod und Fluor allerdings fällt in der Industrie Massenhaft an und darf nur als **Sondermüll** entsorgt werden und das ist teuer. Was ist da naheliegender, als diesen Sondermüll nicht nur kostenlos in Verbrauchsgütern unterzubringen, sondern ihn sogar als notwendige und gesunde Inhaltsstoffe in Lebensmitteln zu verkaufen. Dem Verbraucher muss die Notwendigkeit einer solchen Maßnahme nur plausibel erklärt werden, dann ist er dafür sogar noch dankbar.

So hat die Industrie eine riesige Werbekampange ins Leben gerufen, eine wissenschaftlich unhaltbare Notlüge in die Welt gesetzt und Mitteleuropa einfach seit der letzten Eiszeit zum Jodmangelgebiet erklärt. Wenn dann noch mit der völlig übertriebenen Behauptung, dass schon jeder dritte Einwohner unter Schilddrüsenerkrankungen wie dem Kropf leide, panische Angst verbreitet wird, so kommt niemand mehr auf die Idee, solche Aussagen zu hinterfragen. Mal ehrlich, wer hat in seinem Bekanntenkreis Jemanden mit einem Kropf ? *„Seht ihr, wie gut dass wir jedermann über die Nahrung mit Jod versorgen."* — Ein Witz, über den man wirklich nicht mehr lachen kann !

Tatsache ist, dass aus dem Sondermüll Jod fast über Nacht ein wichtiges medizinisches Vorbeugeinstrument wurde, dass von der gesamten Ärzteschaft und sonstigen sogenannten „Wissenschaftlern" widerstandslos anerkannt wurde und damit sogar die chemische Industrie unterstützt. Die möglichen Krankheiten durch eine Überdosis Jod reichen von Jod-Akne bis zu Atemnot und Depressionen.

Diese Erkrankungen alle aufzuzählen, macht hier keinen Sinn und jeder kann sie selbst im Internet nachlesen. Meine dringende Empfehlung ist es, auf jedes Jod, sei es im Salz oder in Fertigprodukten, unbedingt zu verzichten, meinen Empfehlungen zu einer natürlichen Ernährung zu folgen und jeglicher Fabriknahrung aus dem Wege zu gehen.

Jod wird auch in Krankenhäusern zur Desinfektion, also zur Keimabtötung verwendet. Schon daran ist erkennbar, dass Jod nicht unbedingt als gesund eingestuft werden kann.

Wer jetzt meint, Fluor sei weniger gefährlich, weil es ja nur in Mundwässerchen und Zahnpasta enthalten ist, der irrt sich gewaltig. So gehören Jod und Fluor zu den Halogenen und Salzbilder auch und sind hochreaktiv. Von Toxikologen werden Jod als giftig und Fluor als aggressiv giftig eingestuft und können an allen Körpergeweben schwere Schäden verursachen. Fluor ist sogar das stärkste Oxidationsmittel überhaupt.

Das einzige, was wirklich stimmt, ist die Tatsache, dass Fluor den Zahnschmelz härtet. Dafür enthalten die Zähne bereits Fluor und um den Bestand an diesem Element zu halten, ist Fluor bereits als Spurenelement in der Nahrung reichlich vorhanden. Wer jetzt meint, dass ein Mehr an Fluor gegen Karies schützt, weil es den Zahnschmelz noch härter macht, ist auf dem Holzweg.

Karies entsteht, wie jeder weiß, wenn Fabrikzucker sich im Mund zu schädlicher Säure entwickelt und damit den Zahnschmelz zerfrisst.

Irreführender Weise wird in der Werbung für Zahncreme neuerdings auch von Zahnerosion gesprochen. Mit dem Hintergedanken, dass diese Zahncreme nicht nur vor Karies sondern auch vor Zahnerosion schützen soll (ein Argument mehr). Egal wie viel Fluor man zusätzlich nimmt, kann Karies damit nicht verhindert werden. Die Behauptung, dass durch viel Fettaufnahme sich das Fett an den Gefäßwänden ablagert, ist genauso unsinnig, wie die Behauptung, dass mehr Fluor den Zahnschmelz besser härtet.

Fluor tritt meist als Fluorverbindung auf, als Fluorid. Diese Fluoride spalten das Calciumphosphat der Knochen und schaffen so das neue Gift Calziumfluorid, das über die Blut- und Lymphgefäße nicht nur zu den Zähnen, sondern auch zu den Gelenken und der Wirbelsäule transportiert wird und Gelenke und Wirbelsäule härten und so versteifen.

Es werden auch weitere Körperteile gehärtet, wie das Trommelfell im Ohr, was zur Schwerhörigkeit bei hohen Frequenzen führt. Auch für Augenkrankheiten wie grüner Star und grauer Star sind Fluoride mitverantwortlich. Fluorverbindungen machen auch das Blut dicker. Gegen diese Symptome setzen Schulmediziner dann Blutverdünner ein, statt endlich die Fluoridzufuhr zu stoppen und aus dem Körper zu schaffen.

Nach und nach setzt sich das Gift schmerzhaft in allen Gewebsstrukturen fest und kann Nierenversagen hervorrufen. Gerade bei Kindern gelten Fluoride als Hauptursache für Infekte und Lernschwäche.

Oft wird in der Schilddrüse eine Kettenreaktion in Gang gesetzt, indem die Fluoride aus dem Jod-Thyroxin der Schilddrüse das Jod abspalten und sich die hochreaktive Fluor-Thyroxin-Verbindung bildet. Erst entsteht ein sogenannter heißer Knoten, dann ein geschrumpfter kalter Knoten, was letztendlich zum Krebs führt.

Auch die Psyche der Betroffenen wird angegriffen und schaltet langsam aber sicher den eigenen Willen aus. Alarmierend sind auch die Erkenntnisse, die Dr. med. Walter Mauch festgestellt hat: Fluor blockiert die Fett- und Eiweißverdauung und führt zu massiver Fettsucht, weil Fett und Eiweiße sich in den Geweben einlagern.

Ich weiß nicht ob Ihnen das Angst macht. Ich bin sicher kein ängstlicher Mensch, aber mir macht das solche Angst, dass ich schon sehr lange darauf achte, nicht mit diesem Sondermüll in Berührung zu kommen.

Speisesalz oder NaCl ?

Es grenzt schon an Körperverletzung, was uns die Lebensmittelindustrie als Speisesalz zumutet. Denn was wir heute als Markensalz im Handel vorfinden ist kein natürliches Salz mehr, sondern chemisch reines Natriumchlorid(NaCl), welches für den menschlichen Organismus ein äußerst aggressives Gift ist.

Als wäre das nicht schon genug, so werden dem sauberen und reinen Fabriksalz zur besseren Rieselfähigkeit auch noch giftige Trennmittel, wie Aluminiumsilikate, Kalziumcarbonat, Magnesiumcarbonat und das äußerst reaktive Natriumfluorid zugesetzt. Wem das immer noch nicht giftig genug ist, der kann sich zur Vorbeugung gegen die gefährliche Schilddrüsenkrankheit „Kropf" auch noch mit Jod vergiften lassen, wenn das nicht vorsorglich sowieso schon zugesetzt wurde.

Wer schon Natriumchlorid(Salz) mit Fluor und Jod im Schrank stehen hat und sich nach dem Lesen dieses Artikels doch zur Entsorgung entscheidet, sollte aber beachten, dass wer fluor- und jodhaltiges „Salz" einfach auf den Müll wirft, sich strafbar macht. Denn Jod und Fluor gelten wegen der umweltbelastenden starken Giftigkeit als **„Sondermüll"** und müssen auch als solcher entsorgt werden.

Natürliches Salz hat genau 84 Elemente in sich, woraus auch unsere Erde besteht. Unsere Körperflüssigkeiten enthalten die gleichen Elemente und zwar im gleichen Verhältnis zueinander wie auch das Meerwasser. Jedes dieser Elemente hat ein bestimmtes elektromagnetisches Feld mit entsprechenden Schwingungen, deren Zusammenspiel im natürlichen Salz für den menschlichen Körper essentiell wichtig ist. Gerade diese 84 Elemente sorgen im Körper für einen ausgewogenen Elektrolythaushalt, der die elektrischen Ströme in den Nervenbahnen hilft zu regulieren.

In der Industrie wird Salz zu etwa 95% in reiner chemischer Form benötigt, die anderen 82 Elemente stören dabei nur. Der Rest kommt als sogenanntes Speisesalz in den Handel: Salz — wieder nur ein weiteres industrielles Abfallprodukt. Wenn beim Markensalz „Bad Reichenhaller" auf der Unterseite der Packung steht „für den Haushalt", so ist dies doch offensichtlich schon ein Hinweis darauf, es als Reinigungssalz zu gebrauchen, und nicht als Zusatz für die Nahrung.

Mit unserer Nahrung nehmen wir täglich etwa 10 bis 30 Gramm raffiniertes Salz auf, wovon die Nieren nur etwa 5 bis 7 Gramm verarbeiten können. Jedes überschüssige Gramm wird im Körper von 234ml wertvollem Zellwasser aufgenommen. Fast jeder Erwachsene leidet heute schon unter Dehydration und trocknet langsam aus.

Die Verbindung von Zellwasser mit Natriumchlorid führt zur Bildung von Wassergewebe, welches keine gesundheitliche Funktion hat und ein idealer Nährboden für Ablagerungen und Bakterien darstellt. Auch Wassergewebe ist als Vitalstoffmangel mit 82 Elementen als Ursache der Fettsucht anzusehen. Und solange ein Überschuss im Körper an raffiniertem Salz (NaCl) herrscht, ist jeder Abnehmversuch zum Scheitern verurteilt.

Das Zellwasser kann nun nicht einfach durch mehr trinken ersetzt werden. Der Aufbau von notwendigem Zellwasser ist ein langwieriger und komplizierter Vorgang. Ist zum Aufnehmen des Salzes nicht mehr genug Zellwasser vorhanden, so kommt es in Verbindung mit tierischen Aminosäuren zur Kristallbildung, es bilden sich Nierensteine oder schmerzhafte Ablagerungen in Knochen und Gelenken.

Schulmediziner, die dann von unheilbaren Verschleißerscheinungen und altersbedingten Krankheiten sprechen, haben keine Ahnung, wie der menschliche Körper funktioniert. Eine Beseitigung der Symptome durch weitere chemische Giftstoffe der Pharmakonzerne kann nicht der Heilung dienlich sein, solange die Ursachen nicht beseitigt werden. Die Grundlage einer medizinischen Ausbildung kann nur die gesunde Ernährung sein, wie diese den Körper gesund erhält und was eine falsche Ernährung im Körper anrichten kann. Leider wird dies an den von Pharmakonzernen unterstützten

Hochschulen nicht gelehrt.

Eine Alternative zum reinen Natriumchlorid findet man ausschließlich in Reformhäusern oder anderen Gesundheitsläden. Reines Meersalz ist oft von Schadstoffen wie Blei und Quecksilber belastet und nicht selten künstlich mit Jod versetzt. Da wäre noch natürliches Steinsalz oder besonders Kristallsalz zu empfehlen. Letzteres wurde unterirdisch Millionen Jahre unter extremen Druck zusammengepresst und ist das bekanntlich gesündeste Salz. Ob dieses Kristallsalz nun aus dem Himalaja kommt oder von anderswo ist hier weniger wichtig.

Erwähnenswert wäre noch das besonders teuere Meersalz „Fleur de sel" (Die Blume des Salzes), welches als Salzkristalle in Handarbeit von der Wasseroberfläche des Meeres geschöpft wurde. Wieweit hier die Belastung des Meerwassers mit Schadstoffen eine Rolle spielt, kann ich nicht sagen.

Süßes Gift

Es gibt gesetzliche Regeln, die jedem Medikament einen Beipackzettel mit Risiken und möglichen Nebenwirkungen vorschreiben. Wenn die gleichen gefährlichen Stoffe den Lebensmitteln zugesetzt werden, findet man diesen Stoff vielleicht auf der Zutatenliste der Packung. Schriftliche Anfragen verlaufen meist im Sande oder verweisen auf verharmlosende Studien.

Künstliche Süßstoffe:

Aspartam (E951):

Aspartam ist eine der gefährlichsten Substanzen, die jemals als Nahrungsmittel auf die Menschheit losgelassen wurde, und findet sich auf dem Markt mittlerweile in über 9.000 Produkten.

Dieser künstliche Süßstoff besteht aus den beiden synthetisierten Aminosäuren D-Phenylalanin(50%), D-Asparaginsäure(40%) sowie Methanol (Formaldehyd).

L-Phenylalanin ist als essentielle natürliche Aminosäure im Gemüse enthalten und darf nicht mit dem künstlichen Gift D-Phenylalanin verwechselt werden.

D-Phenylalanin durchbricht die das Gehirn schützende Blut-Hirnschranke und lagert sich, wie auch Blei, Aluminium und andere Gifte, im Gehirn ab und kann dort schwere Schäden verursachen, unter anderem auch Gehirntumore. Für Menschen, die unter Phenylketonurie, einer Stoffwechselkrankheit leiden, kann die Einnahme von Aspartam sogar lebensgefährlich sein. Kleinkinder sind für solche Schäden besonders empfänglich.

Auch die D-Asparaginsäure kann zu schwersten chronischen neurologischen Störungen beitragen, wie zum Beispiel Demenzkrankheiten, MS, Epilepsie, Hypoglykämie(Unterzuckerung kann, wie bereits bei Diabetes bekannt, zum Koma führen), Verlust des Hörvermögens und hormonelle Auswirkungen.

Wer meint, dass Methanol, bzw. Formaldehyd bei einer Menge von 10% nicht so giftig sein könne, vergisst, dass gerade Formaldehyd schon aus der Holzwirtschaft einen hohen und giftigen Bekanntheitsgrad erreicht hat. Methanol ist schon in geringer Menge ein hochwirksames Nervengift. Und verursacht die sukzessive Zerstörung der Netzhaut, was zur Einengung des Geschtsfeldes, unscharfem sehen und zur völligen Blindheit führen kann.

Saccharin (E954): Benzoesäure-Sulfimid

Sacharin wurde schon vor dem Ersten Weltkrieg als Zuckerzusatz eingesetzt. Heute wird Saccharin nur noch synthetisch aus dem stark giftigen Toluol hergestellt, mit mehr als 20 Verunreinigungen durch die chemischen Prozesse; gesundheitliche Wirkungen wurden bisher kaum untersucht. Darüber hinaus wird Saccharin meist mit anderen Süßstoffen, wie Thaumatin und Cyclamat kombiniert, um den metallischen Geschmack zu überdecken.

Cyclamat (E952): Cyclohexan-Sulfimidsäure

Nachdem Tierversuche gezeigt hatten, dass Cyclamat Blasenkrebs verursachen kann, ist Cyclamat seit 1970 in den USA verboten. Die gleiche Gefahr besteht auch beim Süßstoff Saccharin, deshalb setzen sich Amerikanische Mediziner jetzt dafür ein, Saccharin ebenfalls zu verbieten. Zurzeit ist es dort nur mit einem deutlichen Warnhinweis auf der Verpackung als Lebensmittelzusatz erlaubt. In Europa sind beide Süßstoffe, erkenntlich an den Europäischen Zulassungsnummern(E952 und E954), soweit als Inhaltsstoff vermerkt, weiterhin zugelassen.

Ich denke, dass es wenig hilfreich wäre, hier alle auf dem Markt befindlichen Süßstoffe zu erläutern. Die drei gefährlichsten werden schon zu häufig als Zuckerersatz verwendet und ich bekomme schon beim Schreiben die Nebenwirkungen zu spüren. Vielleicht hilft es mir, wenn ich mich jetzt lieber einigen gesunden Rezepten zuwende, die noch nicht von vorsätzlich eingebrachten Giften verseucht sind und meine Magenschmerzen werden wieder verschwinden.

Wenn Sie jetzt Ihre Getränke wieder mit Zucker süßen, kann ich das verstehen. Oder Sie machen es so wie ich: ich habe eine süße Frau, zwei süße Katzen und einen süßen Mops und kann auf weitere Süßmacher verzichten.

Auch beim Steviosid(E960) hat man alle Vitalstoffe durch giftiges Aluminiumsalz ersetzt.

Sonstige Gifte

Oft gelten bestimmte Nahrungsmittel als „Süchtigmacher", im Sinne von „Verlangen nach Mehr" ohne eine ernstzunehmende Abhängigkeit zu verursachen (oder vielleicht doch ?). Wer hat das nicht schon einmal selbst beobachtet, wie man zum Beispiel bei gesüßten Getränken schnell wieder Durst bekommt oder bei Knabbersachen, wie Chips und gesalzenen Nüssen, mit dem Naschen nicht aufhören kann. Sicher meint man, es läge nur am Zucker oder Salz darin.

Meistens sind es aber die den Nahrungsmitteln bewusst zugesetzten Stoffe, wie der Geschmacksverstärker **Natriumglutamat(E621),** auch einfach nur Glutamat oder Glutaminsäure genannt oder der sich auch unter dem Deckmantel „Gewürzsalz" verbirgt. Ein weiteres Problem ist das durch Glutamat überdeckte Sättigungsgefühl: So bleibt ein gewisses Hungergefühl und verführt die Menschen dazu, ständig etwas zu essen. Dies führt nicht nur zu einem steigenden Umsatz, sondern auch zu einer Gewichtszunahme.

In den großen Mengen, wie es inzwischen bei fast allen Fertiggerichten, Wurst, Schinken und auch gern verstärkt in Restaurants eingesetzt wird, gilt Glutamat bereits als Nervenzellgift und bringt uns damit in wörtlichem Sinne um den Verstand. Zum Schutz vor giftigen Stoffen ist unser Gehirn durch die sogenannte Blut-Hirn-Schranke, die erst in der Pubertät voll entwickelt wird, geschützt.

Einige synthetisch produzierte Stoffe, wie dieses Glutamat oder auch Zitronensäure, können diesen Schutzmechanismus durchdringen und gleichzeitig als „TAXI" giftige Stoffe, wie Schwermetalle, Blei, Aluminium und andere Gifte mit ins Gehirn transportieren. Alle zusammen können dort schwere bleibende Schäden anrichten, wie Demenzkrankheiten. Und diese treten nicht auf, weil man alt wird, sondern weil sich diese Gifte erst nach und nach ablagern, bevor die Symptome in Erscheinung treten.

Ein weiterer beliebter Zusatz ist bei Nahrungsmitteln die **Zitronensäure(E330)**. Zitronensäure wird meist als WC-Reiniger und Kalklöser verwendet mit einem deutlichen Warnhinweis, dieses Mittel weder mit der Haut noch mit Schleimhäuten in Berührung zu bringen.

Diese ätzende Säure ist in Limonadengetränken, Margarinen, Fruchtaufstrichen, „Getränken, die Flügel verleihen", „Gummibärchen, die froh machen" und ähnlichen Produkten enthalten. Sie darf europaweit unter E330 die Fruchtigkeit der Produkte unterstützen.

Diese Säure gilt als harmlos, weil sie, wie man weiß, in jeder Zitrone in natürlicher Form vorhanden ist. Doch erst die Herstellung im Labor macht diese chemisch reine Zitronensäure, wie auch das Glutamat zu einem Nervengift mit ähnlich zerstörerischen Auswirkungen auf unser Gehirn. Auch Migräne oder Hyperaktivität bei Kindern kann die Folge sein.

Nun ist die synthetische Zitronensäure viel aggressiver, als der Saft einer Zitrone und kann systematisch den Zahnschmelz auflösen und damit die Zähne unausweichlich dem Zerfall aussetzen. Dabei ist es egal, welche Zahnpasta man verwendet und ob darin der Sondermüll „Fluor" enthalten ist. Gerade bei Kindern, die erst ihre Zweiten Zähne bekommen haben, wirkt sich diese aggressive Säure verheerend auf das gesamte Gebiss aus.

Als Konservierungsstoffe werden in Obst- und Gemüsekonserven, wie auch in Fischmarinaden **Nitrate** verwendet, diese werden auch in die Schalen von Bananen und Zitrusfrüchten eingebracht. **Nitrite** werden beim Pökelsalz für Fleisch sowie in Müslimischungen, Käse, pflanzliche Fette und Öle, Kaugummi und Snacks eingesetzt.

Ascorbinsäure, auch unter Vitamin C bekannt klingt harmlos, sollte aber wegen seiner fehlenden Natürlichkeit lieber nicht verwendet werden. **Phosphorsäure(E338)** ist, noch schlimmer als Milch und Milchprodukte, ein Kalziumräuber und zerstört die Knochensubstanz.

Die meisten industriell hergestellten Lebensmittel werden mit Aromastoffen, Farb- und Konservierungsstoffen, Verdickungsmitteln, Emulgatoren oder Stabilisatoren behandelt, die fast ausnahmslos synthetisch, das heißt im Chemielabor hergestellt worden sind, weil es billiger ist, als natürliche Stoffe aus Pflanzen oder Früchten zu extrahieren. Aus dem Grund sind auch die Auswirkungen auf den menschlichen Organismus so gravierend.

Viele Krankheiten entstehen schon allein durch isolierte Nahrungsmittel, wie Zucker, Säfte, Auszugsmehle, geschälten Reis usw. Diese Auswirkungen kennen wir schon durch die uns bekannten ernährungsbedingten Zivilisationskrankheiten. Die katastrophalen Auswirkungen durch chemisch hergestellte Imitationen sind uns noch gar nicht alle bekannt.

Ich hoffe, dass ich Sie hiermit soweit verunsichert habe, dass Sie selbst mal Ihre Lesebrille und eine starke Lupe mit zum Einkaufen nehmen und in den Zutatenlisten lesen, mit welchen Inhaltsstoffen Sie sich und Ihre Familie täglich nach und nach vergiften.

Gehen Sie davon aus, dass jede zugesetzte Substanz durch wissenschaftliche Untersuchungen und Studien im Chemielabor hinsichtlich ihrer Verträglichkeit abgesichert wurde. Bedenken Sie aber, dass fast alle Zusätze synthetisch erzeugt werden und die Auswirkungen auf Ihren Körper im Labor gar nicht nachgestellt werden können. Diese täglich eingenommenen Gifte kommen kurzfristig und besonders langfristig einer tickenden Zeitbombe gleich, deren explosive Wirkung sich über Jahre hinziehen kann.

Mikrowelle/Induktion

Das Auftauen, Erhitzen und Garen in einem Mikrowellenherd ist eine völlig andere, als man es von einer herkömmlichen Feuerstelle, Grill, Backofen oder Herd/Kochfeld kennt. Während bisher das Essen langsam von außen nach innen erwärmt wird, dringen Mikrowellen sofort ins Innere der Speisen ein und bringen die Moleküle in starke Rotation. Wasser wird am schnellsten erhitzt und festere Bestandteile der Nahrung werden je nach Konsistenz viel langsamer warm. So werden Flüssigkeiten, von innen nach außen, entgegen von Gefriergut, welches von außen nach innen erwärmt wird.

Diese ungleichmäßige Wärmeverteilung macht es der Hausfrau schwer, zu beurteilen, wie weit das Gargut insgesamt fertig ist und kann dazu führen, dass potentielle Krankheitserreger wie Salmonellen nicht vollständig unschädlich gemacht werden. Der Umgang mit dem Mikrowellenherd wird zwar ausführlich in der Anleitung dokumentiert und ist erlernbar, aber letztendlich geht die eigentliche Gefahr mehr von der Veränderung, der molekularen Struktur der erhitzten Nahrungsbestandteilen aus.

Schon 1941 hatten Untersuchungen an der Berliner Humboldt-Universität ergeben, dass in Mikrowellenöfen erhitzte Nahrung Krebs verursacht. In der damaligen UdSSR wurde 1976 der Gebrauch von Mikrowellenöfen gesetzlich verboten, nachdem russische Experimente aufdeckten, dass Mikrowellen Eiweiße und Zuckerstoffe auf unnatürliche Weise zerfallen ließen und die Vitalenergie der Nahrungsmittel um 60% bis 90% abnahmen. In Milch und Getreide entstanden neue krebserregende Verbindungen und in pflanzlichen Produkten kam es zu einer erhöhten Bildung von Freien Radikalen.

Diese chemischen Veränderungen verursachten bei allen Beteiligten Verdauungsbeschwerden, eine Zunahme der Krebszellen im Blutserum sowie Funktionsstörungen im Lymphsystem. Den gleichen Zusammenhang haben schon drei Jahre zuvor Tierversuche in den USA bestätigt.

Trotz dieser Erkenntnisse hielt es in der westlichen Welt keine Institution für angemessen, die weitere Produktion dieser gefährlichen Geräte zu stoppen.

Ganz im Gegenteil: Die Deutsche Gesellschaft für Ernährung (DGE) wie auch das Bundesinstitut für gesundheitlichen Verbraucherschutz und Veterinärmedizin (BgVV), halten bis heute Gesundheitsgefährdungen durch erhitzte Nahrung durch Mikrowellen für ausgeschlossen. Gleichzeitig seien nach deren Aussagen, entgegen der wissenschaftlichen Untersuchungen sowohl in der damaligen UdSSR sowie wie auch in den USA, die Nährstoffverluste vergleichbar mit einer herkömmlichen Erhitzung.

So hatte in Deutschland 1998 bereits jeder zweite Haushalt einen Mikrowellenherd. Heute wird fast keine Komplettküche mehr ohne Mikrowellenherd verkauft. Mittlerweile kann es sich keine Gastronomie mehr leisten, auf einen Mikrowellenherd zu verzichten. Inzwischen wurde sogar das Verbot des Gebrauchs von Mikrowellenherden in Russland durch Drängen der westlichen Industriestaaten wieder aufgehoben.

Es bleibt die Tatsache bestehen, dass Mikrowellen die Lebensmittel zerstören und der Körper einen immensen Aufwand betreiben muss, diese tote Nahrung zu verarbeiten. Schilddrüsen, Nebennieren und deren Hormone werden beeinflusst, die Konzentration lässt nach und sollte der Herd in praktischer Augenhöhe angebracht sein, so kommt die Gefahr einer Linsentrübung in den Augen (grauer Star) hinzu.

Wenn dann noch die fabrikatorische „Baby-Nahrung" und die ach so „notwendige Folgemilch" so praktisch in der Mikrowelle erwärmt wird, gibt es kaum noch eine Steigerung, dem Menschen selbst - ernährungstechnisch zu schaden. Vielleicht prägt sich die Gefahr besser ins Gedächtnis der Verbraucher ein, wenn der Mikrowellenherd nur noch als Krebsofen bezeichnet wird.

Als neue technische Errungenschaft mag sich der Induktionsherd vorstellen, der wenigstens für die Speisen nicht gefährlicher als ein Kohleherd ist. Hier wird nicht die Speise direkt erwärmt, sondern nur das zum kochen geeignete Gefäß.

Von der Herdplatte wird durch Erzeugung von elektromagnetischen Magnetfeldern, der aufgesetzte Topf erhitzt, vorausgesetzt dieser ist magnetisch.

Nun ist der Mensch selbst von einer Aura umgeben, die aus elektromagnetischen Feldern besteht. Denn alle Nervenbahnen im Körper funktionieren genauso mit elektrischen Strömen. So haben Hochspannungsleitungen, die über ein Haus führen schon gewisse Auswirkungen auf die darin lebenden Menschen. Letztendlich haben Sie sich so eine Hochspannungsleitung mit dem Induktionsherd direkt in die Küche geholt.

Ob solch ein Herd nun gesundheitsschädlich ist oder nicht, wird heiß diskutiert.

Auf jeden Fall ist die „Aura" eines Induktionsherdes bei weitem stärker als die eines Menschen. Ich persönlich würde mir lieber einen Herd in die Küche stellen, der einfach nur warm wird.

(Kindersicherung nicht vergessen)

Unsichere Gentechnik

Immer mehr technische Neuerungen werden geschaffen, ohne deren Folgen voraussehen zu können. Das erste Kernkraftwerk wurde vor 58 Jahren in Betrieb genommen und bis heute weiß niemand, wohin mit dem Atommüll dieser wird nur „ziellos" umher transportiert bis man ein „Endlager" gefunden hat (der damalige Endsieg ist auch nie eingetreten). Und es ist nur eine Frage der Zeit bis der nächste Super-Gau wieder einen Teil der Erde unbewohnbar macht.

Mit der Gentechnik wollte man Pestizide einsparen, doch was ist passiert?
Die Nahrungspflanzen produzieren die Gifte schon selbst und später bekommt man diese Gifte aus den Pflanzen nicht mehr raus. Eine Kettenreaktion wurde in Gang gesetzt: Es entstehen neue, giftresistente Unkräuter und Insekten und es werden mehr Gifte eingesetzt als jemals zuvor.

Die auf Pflanzen angewendete Gentechnik weitet sich unkontrollierbar durch Pollenflug erst auf Nachbarfelder aus und es ist wieder nur eine Frage der Zeit, bis die „Verschmutzung" mit genetisch vergifteten Nahrungs-Pflanzen sich über den gesamten Planeten ausbreitet. Das ist die Gefahr, die ich in dieser neuen Technik sehe.

Dann gibt es Aussagen, wie: *„Jede gentechnisch veränderte Pflanze wird vor der Zulassung auf ihre Sicherheit geprüft, auch die daraus hergestellten Lebens- und Futtermittel."* Wie weit man sich auf solche Aussagen verlassen kann, sehe ich an unseren Lebensmitteln, die vor Einführung der Gentechnik schon auf dem Markt als sicher dargestellt wurden.

Jede Fabriknahrung wurde vor ihrer Zulassung auf ihre Sicherheit in den Laboren der Chemie- und Lebensmittelkonzernen geprüft. Wenn ich mir dann aber die seit Beginn der Industrialisierung neu hinzugekommenen ernährungsbedingten Zivilisationskrankheiten ansehe. Kann es mit dieser angeblichen Sicherheit nicht weit her sein.

Genauso verhält es sich mit den künstlich erzeugten Giftstoffen, wie Farbstoffe, Konservierungsmittel, Emulgatoren, Trennmittel, Stabilisatoren, Rieselhilfen, Verdickungsmittel, naturidentischen Aromastoffen, Geschmacksverstärkern, Süßstoffen, Säuerungsmitteln, Säureregulatoren, Hefeextrakten, Antioxidans usw. Hinzu kommt giftiger Sondermüll, wie Jod und Flour.

Dann die Lebensmittel, die mit radioaktiven Gammawellen bestrahlt wurden oder die Milch, die einer allevitalstoffvernichtenden Hitze von über 200°C ausgesetzt wurde, nur um die Haltbarkeit chemisch gesunder aber toter Nahrungsmittel zu verlängern. Alles macht trotz durchgeführter gesundheitlicher Sicherheitsprüfungen die Menschen, die sich davon ernähren, krank.

Wie soll ich mich jetzt auf die geprüfte Sicherheit bei gentechnisch veränderten Lebensmitteln verlassen können, wenn diese Prüfungen grundsätzlich in Chemie-Laboren durchgeführt werden. Langzeitstudien am damit ernährten Menschen können noch gar nicht vorliegen und ich möchte auch nicht Versuchskaninchen spielen.

Denn es sind offensichtlich schon Kühe an vergiftetem Gen-Futter verendet.
http://www.gesundheitlicheaufklaerung.de/tote-rinder-gen-mais-bauer-strafanzeige-syngenta

Ich muss am Ende ehrlich zugeben, dass ich dem Thema Gentechnik nicht gewachsen bin und ich mir hier erspare, näher auf dieses einzugehen. Kritiker mögen diesen Artikel für einseitig halten, aber mir geht es nicht darum, Ihnen den Sinn der Gentechnik oder die Vorgehensweise der praktischen Umsetzung zu erklären, sondern nur um eine gesunde Ernährung. Diese erscheint mir aber mit der Gentechnik wieder nur als eine krankmachende Weiterentwicklung unserer bisherigen Fabriknahrung, wenn nicht sogar eine Bedrohung unserer natürlichen Lebensmittel für die Zukunft.

Einkaufsratgeber für gentechnikfreien Genuss: "Essen ohne Gentechnik" und weitere Informationen finden Sie auf den Webseiten von „Greenpeace"

6. Wie ernähren wir uns richtig ?

10.000 Jahre Getreide

Seit mehr als 10.000 Jahren ist Getreide schon als Grundnahrungsmittel bekannt. Auch wenn es für einige nicht offensichtlich ist, so hat sich bis heute daran nichts geändert. Weltweit wird genug Getreide, vorwiegend Weizen, Reis und Mais, angebaut um jeden Menschen davon zu ernähren. Leider haben sich in den letzten Jahrzehnten die Ernährungsgewohnheiten der Menschen so dramatisch verändert, dass eine ausreichende Versorgung, besonders in den Entwicklungsländern kaum noch möglich ist.

Durch den enorm gestiegenen Fleischverzehr, mit steigender Tendenz, werden mittlerweile schon 50% der Getreideernte an Weidetiere verfüttert. Politische und spekulative Verknappung sorgen heute zusätzlich schon für fast eine Milliarde hungernder und unterernährter Menschen. Durch fabrikatorische Mangelernährung Erkrankte in den Industrienationen sind hier noch gar nicht mitgerechnet. Auch unter Fettsucht leidende schwergewichtige Menschen sind durch Vitalstoffmangel unterernährt. Und es werden immer mehr.

Durch falsche Ernährungsempfehlungen, hervorgerufen durch eine veraltete Ernährungslehre und industrieller Vormachtstellung der Lebensmittelkonzerne ist die Fabriknahrung weiter auf dem Vormarsch. Das Ende dieser irrsinnigen Falschernährung ist nicht in Sicht.

Alle aus den Wildgräsern hervorgegangenen Getreidearten haben gemeinsam wichtige Eigenschaften, die sie in der Ernährung so unverzichtbar machen:

Bescheidene Boden-Ansprüche und große Widerstandskraft,

Anbaumöglichkeit in fast allen Weltregionen bei unterschiedlichen klimatischen Verhältnissen, als kompakte Nährstoffspeicher sehr lange haltbar mit vielseitigen Verwendungsmöglichkeiten.

Seit jeher kennen wir die Getreidesorten Weizen, Dinkel, Roggen, Hafer, Gerste, Hirse, Reis, Mais und die Körnerfrucht Buchweizen. Alle

Getreidearten stehen uns in bester ökologischer Qualität für relativ wenig Geld zur Verfügung. Als Vollwertnahrung lassen sich daraus eine kaum überschaubare Vielzahl an Speisen und Backwaren zubereiten, ohne dass es jemals eintönig werden könnte.

Getreide ist fast unbegrenzt haltbar, solange es als Körner in gut verschlossenen Gefäßen und nicht in den käuflichen Papiertüten aufbewahrt wird. Wir haben zwar kaum noch Mäuse im Haus, aber es gibt genügend Insekten und Kleingetier, die Getreide zu schätzen wissen, gegen die wir uns schützen müssen.

Gekauftes Mehl hat einen entscheidenden Nachteil. Entweder wird es sehr schnell ranzig oder es ist so weit ausgemahlen, dass wichtige Nährstoff kaum oder gar nicht mehr enthalten sind. Für eine gesunde Ernährung müssen wir unser Getreide selbst flocken, schroten oder mahlen und anschließend sofort verwenden. Sie können es auch einige Stunden in Wasser einweichen oder Keimen lassen. Dazu komme ich an anderer Stelle noch einmal zurück.

Fall Sie Vollkornbrot kaufen, können Sie es ihm niemals ansehen, ob es sich tatsächlich um Vollkorn handelt. Denn weder Farbe, noch Struktur lassen das erkennen. Auch die Aufschrift lässt nicht klar erkennen, wie groß der Vollkornanteil wirklich ist. Der Gesetzgeber schreibt hier keine 100% vor. Auch gibt es gewisse Grenzwerte, was die deklarierungspflichtigen Inhaltsstoffe angeht.

Hülsen und Nüsse

Hülsenfrüchte sind die trockenen, keimfähigen Samen von Erbsen, Bohnen, Linsen und Erdnüssen. Sie alle wachsen in Hülsen und haben die wichtige Eigenschaft, mit bestimmten Bakterien in Gemeinschaft (Symbiose) zu leben. Schon seit der Steinzeit waren Hülsenfrüchte, ebenfalls als Grundnahrungsmittel, mit ihrem hohen Eiweißgehalt eine wichtige Ergänzung zum Getreide.

Auch wenn dieses bedeutungsvolle Gemüse manchmal als Nahrung der „Armen" abgewertet wurde, so ist es heute ein wesentlicher Bestandteil der

Vollwertküche. Mit 20 bis 26% Eiweißanteil sind die auch sonst nährstoffreichen Samen aus ökologischem Anbau in der modernen Küche nicht mehr wegzudenken.

Alle Arten eignen sich hervorragend in eingeweichter Form zu deftigen Eintopfgerichten. Linsen und Kichererbsen schmecken auch im gekeimten Zustand vortrefflich als Frischkost und sind eine wohlschmeckende Beigabe zu Frischkostgerichten. Bohnen und Linsen können auch in einer Getreidemühle geschrotet oder gemahlen werden und eignen sich somit auch für eine schnelle Suppe, Klöße oder mit Getreidemehl auch als Pfannengebäcke.

Sicher ist mit dem höchsten Eiweißanteil von bis zu 38% auch die Sojabohne erwähnenswert. Doch lassen sich bei der heutigen Menge an weltweiter Sojaproduktion die Herkunft und der Anteil der genmanipulierten und damit denaturierten Sojabohnen nicht mehr feststellen.

Denn wenn Pflanzen gegen bestimmte Giftstoffe in der Umwelt mit Gentechnik resistent gemacht werden, kann davon ausgegangen werden, dass diese Giftstoffe von der Pflanze auch aufgenommen werden und dieser Anteil am Ende auch in unseren Organismus gelangt. Man kann dadurch einer gesund aussehenden Pflanze nicht mehr ansehen, ob sie mit Giftstoffen belastet ist, weil sie zuvor dagegen resistent gemacht wurde. Was helfen uns gesunde Pflanzen, wenn wir uns genau an diesen vergiften. Das hilft nur dem verkaufenden Erzeuger, der an diesen „Giftpflanzen" reichlich verdient.

Wie alle Hülsenfrüchte, Nüsse und Ölsaaten tragen diese Samen als Energiereserve für das Wachstum neuer Pflanzen einen erheblichen Fettanteil in sich und sind nach dem „Öffnen" einer schnellen Oxidation ausgesetzt. Dieses Ranzigwerden verdirbt nicht nur den Geschmack, sondern führt auch zu einem Verlust an wertvollen Vitalstoffen. Darum ist es wichtig, das gilt in gleichem Maße auch für Getreide, die Samen erst direkt vor der Verwendung zu „knacken", also zu schroten, zu mahlen, einzuweichen usw. Auf lange Sicht ist es doch sinnvoll, wenn man sich eine elektrische Haushaltsmühle zulegt, die zum Mahlen und Flocken von Getreide, sowie auch zum Zerkleinern von Hülsenfrüchten und Nüssen gleichermaßen geeignet sein sollte. Kaffeemühle und Mixer eignen sich nur bedingt dafür.

Auf dem Markt befinden sich etwa 30 verschiedene Hülsenfrüchte.

Nüsse gibt es: Haselnüsse, Walnüsse, Pecannüsse, Mandeln, Paranüsse, Pinienkerne, Cashewnüsse, Pistazien, Macadamianüsse, Edelkastanien, Kokosnuss und Ölsaaten gibt es Leinsamen, Mohnsamen, Sesamsamen, Kürbiskerne, Sonnenblumenkerne.

Frischkorngericht

Frisches Getreide kauft man am besten im Reformhaus von einem Erzeuger der einem Bio-Anbauverband angeschlossenen ist, wie z. B. Bioland oder Demeter. Getreide ist im geschlossenen Zustand nahezu unbegrenzt haltbar und sollte erst direkt vor dem Gebrauch gemahlen oder geschrotet werden.

Ein Frischkorngericht sollte die wichtigste Mahlzeit am Tag sein, egal ob als Frühstück, mittags oder abends. Bei dieser Speise hat man zwei Möglichkeiten, den vollen Nährstoffgehalt des Getreides zu nutzen: Entweder man schrotet (grob mahlen) das Getreide und lässt es 5 bis 12 Stunden bei Zimmertemperatur in Wasser einweichen. Oder besser, man lässt es vor der Verarbeitung keimen; das dauert je nach Getreidesorte ein bis drei Tage.

Zum Einweichen möglichst nicht Abdecken oder gar verschließen, weil sonst die wichtigen und nützlichen Bakterien ihre Arbeit nicht verrichten können. Fliegen werden nicht dabei gehen, weil es nicht genug stinkt und für Wespen und dergleichen ist es nicht süß genug. Die Wassermenge sollte so bemessen werden, dass das Getreide bei der Verwendung gut durchtränkt ist, aber kein Wasser mehr abgegossen werden kann. Wegen der wertvollen Nährstoffe sollte das Wasser sonst lieber mit verarbeitet werden.

Werden Keimlinge benutzt, sollten diese möglichst nicht länger als drei Millimeter sein, weil der Keimling die Vitalstoffe natürlicherweise für sein Wachstum einsetzt, wir wollen die Vitalstoffe hier aber lieber selbst nutzen. Wachsen die Keimlinge weiter, so bilden sich kleine Wurzelhärchen, die bei flüchtigem Hinsehen wie Schimmelbildung aussehen, das ist in diesem Fall aber harmlos.

Selbstverständlich können längere Keimlinge auch als Gemüse verwendet werden. Doch das ist hier nicht das Thema. Getreide ist in jedem Stadium essbar. Für einige Vollgetreide braucht man jedoch ein starkes Gebiss. Das Einweichen ist also nicht zwingend erforderlich, lässt sich dann aber leichter verarbeiten und essen.

Wenn jemand nach Brot oder Getreideverzehr Verdauungsstörungen bekommt, liegt das an den fehlenden Enzymen im Magen, die Stärke, bzw. Kohlenhydrate verdauen könnten. Dies kann man vermeiden, wenn man Getreideprodukte möglichst lange kaut (30 Mal). Denn im Speichel befindet sich das Enzym Ptyalin, welches für die Verdauung der Kohlenhydrate zuständig ist.

Unverdauter Stärkekleister im Magen gärt vor sich hin, blockiert erst einmal die weitere Verdauung und führt bestenfalls nur zu Blähungen und Sodbrennen. Bevor Sie also zur Apotheke gehen und sich Magenmittel kaufen, probieren Sie es aus und kauen Sie so lange, bis das Getreide verflüssigt von selbst den Rachen hinunterläuft. Sie werden den Unterschied spüren ! Ansonsten kennen Sie ja den Hinweis: „Zu . . . und Unverträglichkeiten lesen Sie (hier weiter) und fragen Sie Ihren Arzt oder Apotheker (aber nicht mich).

Gekeimtes Getreide ist im Allgemeinen viel besser verdaulich, weil Inhaltsstoffe, wie Tannine, Phytinsäuren und andere Stoffe, die die Verdauung negativ beeinflussen können, beim Keimen abgebaut werden. Wegen der unterschiedlichen Keimdauer der Getreidearten ist es ratsam, jedes Getreide in einem separaten Gefäß keimen zu lassen, oder jeweils nur eine Getreideart zu verspeisen.

Es gibt spezielle Keimgefäße zu kaufen, aber für den Anfang reicht ein einfaches Küchensieb, das in ein mit Wasser gefülltes Gefäß gehängt werden kann. Weichgetreide wie Dinkel, Hafer, Hirse, Reis und Buchweizen sollten etwa 2 Stunden, härtere Getreide, wie Weizen, Hartweizen, Gerste und Roggen etwa 4 Stunden im Wasser belassen werden. Anschließend lässt man das Getreide im abtropfenden Sieb und braust in größeren Zeitabständen das zu keimende Getreide mehrmals ab. Es sollte dabei jedoch nicht austrocknen. Bereits nach 24 Stunden werden die ersten Keimlinge sichtbar.

Es ist auch möglich, Ölsaaten wie Sonnenblumen-, Kürbiskerne, Leinsamen und Sesam zum Keimen zu aktivieren und es zusammen mit dem Getreidegericht zu verspeisen. Man kann damit beliebig viele „Gewürzmischungen" schaffen und somit jeden Tag einen anderen Geschmack.

Das Frischkorngericht eignet sich gut zum Frühstück, weil das Einweichen über Nacht praktisch ist, sonst spielt der Zeitpunkt des Verzehrs keine Rolle. Zutaten sind für eine Person gerechnet und sollten bis auf das Grundrezept abwechslungsreich sein. Das Rezept ist gleichermaßen für eingeweichtes oder gekeimtes Getreide geeignet:

Man nehme:	50g	Weizen oder andere Getreidekörner
	1	Teelöffel frisch gepressten Zitronensaft
	15g	Hasel- oder andere Nusskerne
	125g	Obst der Saison
	100ml	Leitungswasser
	2	Esslöffel (Schlag-)Sahne

Am besten passt geraffelter Apfel ins Frischkorngericht, der macht den Brei besonders luftig und schmackhaft. Man kann zusätzlich oder auch nur anderes Obst hinzunehmen. Zum Obst sofort den Zitronensaft hinzufügen, damit es nicht braun wird, außerdem ist im Saft wichtiges Vitamin C enthalten, falls keine anderen Zitrusfrüchte verwendet werden. Nusskerne werden nur zerkleinert aber nicht gemahlen. Schlagsahne kann beliebig abwechselnd geschlagen oder flüssig dazugegeben werden. Ist am Ende alles verrührt wird nach Belieben etwas Leitungswasser zugefügt.

Der Frischkornbrei sollte abwechslungsreich genossen werden, indem man verschiedene Getreide-, Nuss- und Obstsorten verwendet und mit der richtigen Garnierung auch der Appetit angeregt wird. Mit der Zeit, wenn man sich an diese Speise gewöhnt hat, kann man auch die Menge variieren.

Sollten Sie sich irgendwann in Ihrem Bekanntenkreis als „Körnerfresser" einen Namen gemacht haben, so nehmen Sie das gelassen, denn dieser Genuss beim Essen gleicht das bei weitem wieder aus. Lassen Sie Ihre „Freunde" einfach mal probieren, dann steht der eine oder andere vielleicht auch auf „Ihrer Seite".

Zur Abwechslung oder wer keine Zeit zum Einweichen hat, kann das Frischkorngericht auch als Getreidecreme genießen: Das Getreide frisch mahlen, Nüsse fein reiben oder auch mahlen, mit ca. 50ml Leitungswasser mischen und auch das Obst kann vor dem Vermischen püriert werden.

Mit frisch geschlagener Schlagsahne wird die Speise besonders luftig. Zum Garnieren verwendet man je nach Farbe frische Johannisbeeren, rot oder schwarz, Blaubeeren, Mais oder rohe junge Erbsen.

Was nicht zum Frischkorngericht passt . . .

. . . sind natürlich Nahrungsmittel, die nicht frisch sind. Zum Beispiel sind Trockenfrüchte oder „Dosenfutter" reine Konserven und haben bei weitem nicht mehr den Vitalstoffgehalt der ganzen Früchte. Jegliche Art von Fabrikzucker würde den Gesundheitswert des Frischkorngerichts zunichtemachen. Als Süßungsmittel sollten bestenfalls Weintrauben dienen oder auch Honig. Letzteren würde ich jedoch nur sparsam einsetzen, weil auch Honig auf Dauer Karies erzeugen kann.

Obwohl Honig ein Naturprodukt ist, so haben hier die „bösen Bienen" einen fast menschlichen Raffinade-Prozess in Gang gesetzt. Sie haben das Pflanzenkonzentrat „Nektar" einer weiteren Verarbeitung unterzogen und daraus Honig hergestellt. So gesehen ist auch Honig eine Art Fabrikzucker.

Ich stelle hier aber keinesfalls Gesetze oder Verbote auf. Mir ist wichtig, Ihnen klar zu machen, was gesund oder gesünder ist, damit Sie am Ende selbst entscheiden können, welches gesundheitliche Ziel Sie am Ende erreichen wollen und wie Sie sich ernähren müssen, um dieses Ziel zu erreichen.

Wie ich in meinen Artikeln bereits geschrieben habe, ist Ihnen sicher auch klar, dass jede Art von tierischen Eiweißen wie Eier, Milch und Käse hier nichts verloren haben. Einzige Ausnahmen sind Butter und Sahne mit einem vernachlässigbar geringen Eiweiß- aber dafür hohem gesunden Fettanteil. Geschmacklich passt die Sahne einfach besser zum Obst, als Butter.

Frischkost

Zusammen mit dem Getreidefrischkorngericht ist die Frischkost aus Gemüse eine gesunde, natürliche und vitalstoffreiche Vollwertkost.

Man spricht hier von lebendiger Nahrung, weil hierin noch alle zum Leben notwendigen Nährstoffe enthalten sind, die ein gesunder Mensch als Nahrungsgrundlage dringend benötigt.

Damit diese Frischkost gern und regelmäßig gegessen wird, ist eine abwechslungsreiche und von Geschmack und Farbe ansprechende Zubereitung die Voraussetzung. Hier sind Kreativität und Phantasie gefragt, die mit einiger Übung leicht erlernbar sind und auch Spaß machen.

Sicher haben Sie schon von verschiedenen Mischungen gehört, wie Gemüse „über und unter der Erde gewachsen" oder „Blatt- und Wurzelgemüse". Zur leichtern Zusammenstellung der Artenvielfalt und einer farblich bunten Mischung, folgt hier eine Aufstellung der wichtigsten Gemüse- und Fruchtsorten sowie Kräuter und Gewürzen.

Blattsalate: Kopfsalat, Feldsalat(auch Ackersalat, Lämmersalat, Mäuseöhrchen oder kleine Rapunzel genannt), Rapunzel, Eisbergsalat, Endiviensalat, Radicchio, Spinat, Rucola oder Rauke, Chicorée und Mangold.

Kohlsorten: Weißkohl, Wirsingkohl, Blumenkohl, Brokkoli, Rotkohl, Romanesco, Grünkohl, Spitzkohl, Rosenkohl, Chinakohl.

Knollengemüse: Kartoffeln, Fenchel, Sellerie, Kohlrabi, Süßkartoffel.

Wurzelgemüse: Karotten, Möhren, Staudensellerie, Rote Beete, Spargel, Schwarzwurzeln, Kohlrüben, Pastinaken, Radieschen, Rettich, Meerrettich.

Fruchtgemüse: Tomaten, Melonen, Kürbis, Gurken, Zucchini, Paprika, Aubergine, Mais.

Zwiebelgemüse: Zwiebeln, Frühlingszwiebeln, Porree, Knoblauch.

Kräuter: Petersilie, Dill, Schnittlauch, Thymian, Majoran, Minze, Basilikum, Zitronenmelisse, Liebstöckel, Estragon, Kresse, Salbei u. a.

Hülsenfrüchte: Erbsen, **Bohnen***.

Pilze: Champignons, Austernpilze.

Obst: Äpfel, Birnen, Pflaumen, Aprikosen, Quitten, Zwetschgen, Mirabellen, Kirschen, Weintrauben, Nektarinen, Pfirsiche, Zitronen, Orangen, Clementinen, Mandarinen, Limonen, Ananas, Bananen, Papaya, Mango, Kiwi, Erdbeeren, Himbeeren, Brombeeren, Johannisbeeren, Blaubeeren, Stachelbeeren.

Gewürze: Pfeffer, Chilipfeffer, Cayenne-Pfeffer, Curry, Paprika, Kümmel, Ingwer, Muskat, Vanille, Zimt, Meerrettich.

Salatsoßen: 4 EL natives Pflanzenöl oder Sahne und 4 EL Wasser mit beliebigen Gewürzen zur Emulsion verrührt.

oder 3 EL Essig oder frisch gepressten Zitronensaft mit beliebigen Gewürzen verrührt.

Bei den Gewürzen habe ich das Salz nicht vergessen, sondern Salz ist ein Mineralstoff, der dem Frischkostgericht nur unnötig das Wasser entzieht. Um den Geschmack des Gerichtes wirklich genießen zu können, sollte hier kein zusätzliches Salz verwendet werden. Auch Kräuter und Gewürze fügt man nur sparsam hinzu. Es wäre schade, wenn der Geschmack des frischen Gemüses von den Gewürzen überdeckt wäre.

*) Hülsenfrüchte, wie Bohnen und Erdnüsse enthalten den Giftstoff Phasin. Dies ist ein nicht zu unterschätzender Giftstoff. Darum sollten Bohnen und Erdnüsse nicht roh gegessen werden. Erdnüsse sind deshalb auch nur geröstet auf den Markt zu finden. Phasin lässt sich aber beim gründlichen Einweichen, vielleicht 30 Minuten, in Wasser auflösen und wird auch beim Kochen zerstört.

So sind die Bohnen also im gekochten oder gekeimten Zustand wieder essbar. Das Wasser sollte in diesem Fall aber weggegossen werden. Die einzige Ausnahme bilden die Erbsen, weil sie kein Phasin enthalten und auch roh gegessen werden können.

Als Grundrezept nimmt man für die Zubereitung verschiedene Gemüsesorten und Obst, etwa 400 – 500 g (der verzehrbaren Anteile) in einem Mischungsverhältnis von 1/3 Obst und 2/3 Gemüse. Sehen sie einfach, was der Markt zur Zeit(Saison) zu bieten hat und denken Sie schon beim Kauf, wie der fertige Salat schmecken und aussehen könnte.

Wenn Sie Obst und Gemüse lieber einzeln als Salat essen, so ist das auch in Ordnung. Weil das Obst aber leichter verdaulich ist und auch schneller im Verdauungstrakt verarbeitet wird, als eiweißreiches Gemüse, ist es bekömmlicher, wenn das Obst zuerst gegessen wird und das Gemüse anschließend. Umgekehrt beginnt das Obst zu gären und kann Verdauungsbeschwerden verursachen.

Man braucht eigentlich gar kein Rezept, sondern man sucht sich beliebige frische Blatt- und Wurzelgemüse aus, die möglichst farblich gut zusammenpassen und schneidet die einen in Streifen, die anderen in Scheiben und die Blätter werden zerrupft. Anschließend werden sie sortiert oder bunt gemischt in einer Glasschale serviert, mit Kräutern bestreut und Salatsoße übergossen.

Damit sich keine Vitalstoffe an der Luft verflüchtigen, sollte das Gericht immer sofort gegessen werden, dann schmeckt es auch frisch. Denn Salatblätter sollten knackig sein und nicht weich und zäh wie Gummi. Sollte wirklich einmal etwas übrig bleiben, so hält es sich am Besten in einem verschlossenen Gefäß im Kühlschrank.

Aber keine Angst, ich werde Sie am Anfang nicht allein lassen und Ihnen mit einigen Rezepten und Tipps auf die Sprünge helfen, damit Sie nicht mit falschen Kombinationen den Mut verlieren und diese gesunde Ernährung vorzeitig wieder aufgeben.

Kochen und Backen verboten ?

Bevor Sie sich tatsächlich dazu entscheiden sollten, alles nur noch roh zu verzehren, so beachten Sie bitte, dass es Gemüsesorten gibt, die roh gegessen, zu Vergiftungen führen können. Dazu gehören noch nicht gekeimte Bohnen, Erdnüsse, Kartoffeln, Rhabarber und einige selbstgepflückte Pilze. Und wenn Sie meinen, „geklaute Äpfel" schmecken am besten, so beachten Sie, dass diese oder Obst und Gemüse an Feld- und Ackergrenzen eventuell mit Chemikalien besprizt sein könnten, die ebenfalls Vergiftungserscheinungen hervorrufen können.

Keineswegs ist Kochen oder Backen verboten, denn das macht Spaß und den wollen wir uns doch nicht verderben lassen. Dazu müssen wir nur die Zeit etwas zurückdrehen und uns in den Stand um 1900 versetzen.

Aber keine Angst, ich meine nicht, dass wir jetzt auf dem Kohleofen kochen müssen. Auf die Technik eines modernen Elektrokochfeldes sollten wir trotzdem nicht verzichten. Damals hat der „Fortschritt" unsere Nahrung noch nicht so zerstört und vergiftet, wie das heute leider der Fall ist und darum geht es.

Für den Körper, der bisher durch ungesunde Fabriknahrung geschädigt wurde, wäre der Verzicht auf erhitzte Nahrung sicher nicht verkehrt, doch das heben wir uns, wenn es sein muss, für Erkrankungen auf, deren Heilung dies erforderlich macht. Aber sonst wollen wir doch lieber auf dem Teppich, oder hier: in der Küche bleiben ! Bei falschem Fanatismus, nehmen Sie meine Empfehlungen vielleicht zur Kenntnis, aber Sie werden dann sehr schnell wieder in alte Gewohnheiten zurückfallen und doch lieber bei McDo Essen gehen.

Damit ist aber weder Ihnen, noch mir geholfen. Was hilft Ihnen ein gesunder Körper, in dem wegen einer zurückgezogenen Gesellschaft, eine psychisch kranke Seele wohnt. Fassen wir kurz zusammen, gehen dann auf den Wochenmarkt und begeben uns anschließend mit unseren frischen Einkäufen in die Küche.

Wir haben uns bisher von einem Frischkorngericht mit Kohlenhydraten aus dem Obst, Getreideeiweiß und dem Fett aus der Sahne ernährt. Als zweites haben wir Gemüseeiweiße und Fett aus kaltgepresstem Öl in Form eines Rohkostsalates zu uns genommen und haben damit schon eine vitalstoffreiche Grundlage für einen gesunden Körper geschaffen.

Wenn wir jetzt noch mit etwas Bedachtsamkeit uns dem heimischen Herd zuwenden und uns eine möglichst vitalstoffschonende Garmethode bei der Speisezubereitung auswählen, ist es kein Problem mehr, uns auch hier eine wohlschmeckende, bekömmliche und trotzdem überaus gesunde Mahlzeit zuzubereiten.

Wenn Sie sich nach meinen Empfehlungen richten sollten, wird Ihr Körper wieder lernen, es Ihnen sofort mitzuteilen, wenn Sie etwas „falsches" gegessen haben. Auch Sie werden lernen, diese Körpersignale, die als Übelkeit oder Bauchschmerzen auftreten können, richtig zu deuten.

Denn bei einer durchweg ungesunden Ernährung, war Ihr Körper zu solch einer natürlichen Reaktion gar nicht mehr in der Lage.

Tipps zum Einkaufen

Wenn ich sage, wir gehen auf den Wochenmarkt, so meine ich damit möglichst frisches Obst und Gemüse aus biologischem Anbau. Es ist aber heute auch im Supermarkt möglich, frische, gesunde Ware zu bekommen. Auch Bioware muss in einem vernünftigen Preis-Leistungsverhältnis stehen. Wenn die Gurken nun nicht gerade, sondern mehr zum Haken gebogen, ist das kein Qualitätsverlust.

Bei Tomaten sollte man schon darauf achten, dass sie wirklich rot und reif sind, und nicht nur unter den rotgefärbten Lampen so erscheinen. Auch die grünen Farben des Gemüses wirken unter dem roten Licht dunkler und weniger welk, lassen Sie sich nicht täuschen. Die Tomaten sollten fruchtig schmecken und nicht nur wie Mineralwasserbehälter.

Ein Apfel sollte eine natürliche Größe haben und die Menge einer Mahlzeit nicht überschreiten. Das gilt allgemein für jede Frischkost. So kann es beim Kohlrabi passieren, das größere Exemplare leicht holzig sind und man viel davon wegschneiden muss.

Wussten Sie, dass Süßkartoffeln bis zu 30cm lang werden können, sie von allen Gemüsepflanzen die meisten Vitalstoffe enthalten und dass man sie auch roh essen kann ? Geschmacklich sind sie mit Karotten vergleichbar, sind nicht ganz so hart und schmecken viel besser. Viel zu schade zum kochen.

Im Anschluss finden Sie als Beispiel noch ein paar Rezepte. Die werden Ihnen helfen, sich an diese gesunde Ernährungsweise zu gewöhnen.

7. Rezepte für Anfänger und Phantasielose (Also für 2 Personen)

Da ich weder Koch noch Hausfrau bin, werden Sie hier keine komplizierten Gerichte finden. Darum müssen Sie meinen Titel nicht auf sich beziehen, sondern mehr auf meine eingeschränkten Kochkünste. Es geht hier weniger darum, zu lernen, wie man richtig kocht, sondern mehr um Ernährungsberatung.

Auf der anderen Seite ist es gar nicht schwer, Gemüse zu zerteilen, es zu erhitzen und mit ein paar Kräutern und Gewürzen zu servieren. Man sollte nur wissen, welche Lebensmittel mit welchen Kräutern und Gewürzen zusammenpassen, aber das bringt die Erfahrung mit sich und ist letztendlich reine Geschmackssache.

Hier sind zum schmackhaften Präsentieren der Speisen eher Kenntnisse aus Farbenlehre und Grafikdesign gefragt, denn das Auge isst bekanntlich mit. Also lesen Sie hier, wie ein Anfänger versucht, Ihrer Phantasie etwas auf die Sprünge zu helfen. Meine Rezepte unterliegen hier weniger dem Copyright und dürfen nach Geschmack und Phantasie beliebig verwendet, verändert und selbstverständlich die daraus erstellten Speisen auch gegessen werden.

Als Kochgeschirr empfehle ich ausnahmslos Edelstahl, weil Aluminium giftig ist und auch in Beschichtungen wie Teflon enthalten ist. Bleihaltige Emaille-Töpfe werden Sie mit Sicherheit sowieso nicht mehr besitzen.

Kochbestecke sollten ebenfalls aus Edelstahl, Holz oder hitzebeständigem Kunststoff sein. Gummilöffel vertragen meist die Hitze nicht und es könnten sich Giftstoffe lösen. Also nur bei Temperaturen benutzen, die Sie selbst auch auf der Haut vertragen. Holzbestecke am besten gleich wieder reinigen, weil sie Essensreste später nicht im Wasser aufweichen können, ohne die Lebensdauer des Holzes zu reduzieren.

TL	= Teelöffel	
EL	= Esslöffel	
MS	= Messerspitze	
L	= Liter	
(k)g	= (Kilo)Gramm	
ml	= Milliliter	

Kräuter und Gewürze kommen oft bestrahlt in den Handel, darum kauft man Kräuter am besten als ganze Pflanzen, die immer wieder nachwachsen können. Eine Zierde für die Fensterbank in der Küche. **Lassen Sie etwas Platz für Ihre Katze !**

Essen sollte Spaß machen. Zur Bekömmlichkeit, noch einige Tipps:

Konzentrieren Sie sich aufs Essen und lassen Sie den Fernseher ausgeschaltet, unterhalten Sie sich lieber, sprechen Sie aber nur, wenn der Mund leer ist — so viel Zeit muss sein. Kauen Sie jeden Bissen so lange Sie können und lassen Sie sich Zeit. Essen Sie niemals im Stehen, das schafft unnötige Unruhe und stört den Genuss. Bedanken Sie sich vor dem Essen, egal bei wem. Das schafft eine positive Atmosphäre.

Gemüsegericht:

Gemüsepfanne:

350 g frisches Gemüse der Saison, z.B. Karotten, Kohlrabi, Paprika, Sellerie, Porree, Wirsing, Rotkohl, Weißkohl, Rosenkohl, Zucchini, Zwiebeln, Brokkoli, Blumenkohl, Pastinaken, Aubergine, Champignons

(Achten Sie auf die Farben: Rotkohl+weiße Zwiebeln oder Weißkohl+rote Zwiebeln)

1 Tasse Wasser

1 EL gehackte Kräuter (z.B. Petersilie, Basilikum, Schnittlauch)

2 EL Butter

Praktisch ist hier eine hohe Pfanne mit Deckel !

Nehmen Sie Blumenkohl und/oder Brokkoli in die Mitte der Pfanne und verteilen Sie das andere mundgerecht geschnittene Gemüse kranzförmig am Rand. Ein buntes Durcheinander ist zu vermeiden, es wirkt appetitlicher, wenn das Gemüse sortiert bleibt und die Farben sich abwechseln.

Gießen Sie das Wasser hinein und bringen Sie das Gemüse im geschlossenen Gefäß zum kochen. Bei starker Dampfentwicklung sollte der Deckel verschlossen und das Gemüse bei niedrigster Stufe 15 Minuten gedünstet werden. Zwischendurch nicht öffnen (nur im Notfall etwas Wasser nachgießen) und nicht rühren !

Anschließend mit der aufgelösten Butter übergießen und mit Kräutern überstreuen. Bringen Sie nicht die schönen Farben durcheinander, sondern sparen Sie Geschirr und gabeln Sie aus der Pfanne, das macht mehr Spaß.
— Guten Appetit !

Kartoffelgerichte

Sicher gehören Kartoffeln auch zum Gemüse. Aber wer kennt das Gemeckere nicht ?: „Kartoffeln gehören nicht in die Suppe", „Kartoffeln gehören in den Keller" usw. Viele Menschen sehen eben Kartoffeln nur als Beilage oder als Grundlage für Chips oder Pommes Frites. Diese Vorstellungen machen die Menschen leider mehr krank, als dass sie davon gesund ernährt werden.

Billige Fette und Zutaten aus dem „Chemiebaukasten" rauben diesen Kartoffelprodukten jede Natürlichkeit und Vitalität. Darum habe ich zum besseren Verständnis für die Kartoffeln ein eigenes Kapitel geschrieben und zeige Ihnen anhand einiger Rezepte, wie man dieses Beilagen-Gemüse auch gesund genießen kann.

Rohe Kartoffeln kann man durchaus als giftig bezeichnen, denn das darin enthaltene Solanin ist besonders für das Nervensystem ein Giftstoff, der sich erst beim Kochen löst. Ebenso sind sicherheitshalber die grünen Stellen von den Kartoffeln zu entfernen, weil darin auch nach dem Kochen noch Solanin enthalten sein kann. **Ganz grüne Kartoffeln bitte aussortieren !**

Im Gegensatz dazu sind Süßkartoffeln auch roh nicht nur essbar sondern als Genuss zu bezeichnen. Süßkartoffeln sind erkennbar an einer ungleichmäßigeren meist etwas spitz zulaufenden Form und haben eine etwas rötliche Farbe. Große Exemplare werden manchmal bis zu 30 Zentimeter lang.

Kartoffelrösti:

1 kg große neue Kartoffeln
1   Gemüsezwiebel
100 g Rucola-Blätter
1 EL Sonnenblumenkerne
2 EL natives Pflanzenöl
1 EL gehackter Schnittlauch, Petersilie, Dill

Kartoffeln sauber bürsten und über einem sauberen Küchentuch(um das Wasser aufzusaugen) mit der Schale grob raffeln. Die Zwiebel schälen und grob Würfeln. Die grünen Rucola-Blätter kurz abbrausen.

Kartoffeln, Zwiebeln und Sonnenblumenkerne gut gemischt in das erhitzte Öl in die Pfanne geben und gleichmäßig auf den Boden drücken. Mit Deckel etwa 5 Minuten Dünsten. Ist die Unterseite leicht gebräunt, kann das Gebäck gewendet werden, nochmals etwa 3 Minuten Backen. Die Kartoffelrösti sind fertig, wenn beide Seiten knusprig-goldbraun sind.

Auf einem vorgewärmten Teller Servieren, mit den Kräutern bestreuen und die Rucola-Blätter darüber verteilen. Dazu passen eventuell gedünstete Karottenscheiben, das gibt den Rösti etwas mehr Farbe.— Guten Appetit !

Kartoffel-Gemüse-Auflauf:

100 g	Kartoffeln		100g Sahne
100 g	Karotten		2 EL natives Pflanzenöl
100 g	Zucchini		½ Tasse Wasser
100 g	rote Tomaten		1EL Kräutermischung(Saison)
1	Gemüsezwiebel	je	½ TL Pfeffer, Knoblauch

Kartoffeln, Karotten und Zucchini abbürsten, in Scheiben schneiden und mit dem Wasser in einem geschlossenen Topf 15 Min. dünsten. Inzwischen die Tomaten in Scheiben schneiden und die Zwiebel würfeln.

Anschließend eine Auflaufform mit dem Öl innen auspinseln und das Gemüse farblich gemischt in die Form schichten. Die Zwiebelwürfel drüberstreuen und die Sahne mit Pfeffer und Knoblauch gemischt gleichmäßig darüber gießen.

Die Auflaufform in den auf 180°C vorgeheizten Ofen schieben und etwa 25 Minuten backen.

Den Auflauf mit der Kräutermischung bestreuen und die Form auf einer Korkmatte oder Holzbrett servieren. Wird anschließend auf flache Teller verteilt. — Guten Appetit !

Getreidegerichte

Reisauflauf:

100 g	Langkornwildreis	1 EL	VK-Semmelbrösel
350 ml	Wasser	1 EL	Waldhonig
1 MS	Kristallsalz	1 EL	Saft einer Zitrone
1 Stück unbehandelte Zitronenschale		50 ml	Sahne
50 g	gehackte Nüsse	100 g	frisches Obst (Saison)
1 EL	Butter	1 MS	Vanillegewürz
2 EL	Butterflöckchen		

Den ungeschälten Reis im gesalzenen Wasser 3 bis 5 Stunden(oder über Nacht) einweichen. Dann Reis, Wasser und dem Stück Zitrone zum kochen bringen und ohne weitere Hitzeeinwirkung garen lassen.

Nach etwa 15 Minuten die Zitrone entfernen und mit den restlichen Zutaten außer dem Obst gut verrühren.

Die Hälfte in eine mit Butter gefettete Auflaufform geben und das Obst darauf gut verteilen. Darauf den restlichen Reis streichen und mit den Nüssen und Semmelbrösel bestreuen und mit den Butterflöckchen garnieren. Den Ofen auf 200° vorheizen und das Gericht 20 bis 25 Minuten backen. — Guten Appetit!

Pikante Haferspeise:

100 g Nackthafer, geschrotet	½ TL Kristallsalz
350 ml Wasser	je 1 MS Curry, Paprika, Nelken
100 ml Sauerrahm	3 EL Pinien- oder Sonnenblumenkerne
1 kleine Zwiebel	1 EL Schnittlauch
1 Banane	

Das frisch geschrotete oder geflockte Getreide kurz in Wasser einweichen, unter ständigem Rühren zum Kochen bringen, von der Herdplatte nehmen und 5 Minuten quellen lassen.

Die Banane mit den klein gewürfelten Zwiebeln, Sauerrahm, den Gewürzen und dem Haferbrei gut vermengen und am Schluss die Kerne und Schnittlauchröllchen drüberstreuen.

Warm oder kalt servieren. — Guten Appetit!

Suppen

Sicher gibt es jede Menge fertige Suppen auf dem Markt, aber es geht hier um gesunde Ernährung und nicht um Bequemlichkeit und die Aufnahme von Giftstoffen, wie es leider mit allen Fertigprodukten der Fall wäre.

Es ist ja nicht nur der Fabrikzucker, es sind vor allem die Chemikalien, die noch nicht einmal aus Nahrungspflanzen stammen und unsere Körper vergiften. Jod, Fluoride, Glutaminsäure = Hefeextrakt, Zitronensäure, Phosphorsäure, Ascorbinsäure, dann die künstlichen Süßstoffe, wie Saccharin, Cyclamat, Aspartam usw. Weitere Gifte, wie die verschiedensten Aluminiumverbindungen usw. werden ohne uns zu fragen, den Lebensmitteln zugesetzt oder darin verpackt.

Selbst in frischem Obst und Gemüse haben die Chemikalien längst Einzug gehalten, und zwar in Form von Pestiziden, wie Insektizide gegen Fressfeinde, Herbizide gegen Unkräuter, Fungizide gegen Pilze usw. Damit werden die Felder für unsere Nahrungspflanzen systematisch vergiftet.

Wir können nicht mehr allen Giften aus dem Weg gehen, aber können unser Bestes geben, um uns und unsere Familien möglichst gesund zu ernähren. Darum mein Rat, möglichst BioProdukte zu verwenden oder Lebensmittel aus dem eigenen Garten. Und dann am besten alle Speisen selbst zubereiten, dann sind wir auf einer sichereren Seite. Jeder hat heute schon einen Gefrierschrank, so dass wir unsere Speisen zubereiten können, wenn wir Zeit haben und uns aus dem Gefrierschrank ernähren, wenn wir mal keine Zeit zum Kochen haben. — Also, ran an die Suppen!

Blumenkohl-Cremesuppe:

150 g Blumenkohl	1 Prise Muskat
500 ml Wasser	1 Prise schwarzer Pfeffer
1 große Karotte	½ TL Kristallsalz
1 große Kartoffel	½ EL gehackte Petersilie
50 ml Sauerrahm	½ EL Schnittlauch
1 EL Butter	

Gemüse abbürsten und in fingerdicke Würfel schneiden, holzige Teile vom Blumenkohl vorher abschneiden, Blätter ganz lassen.

Das Gemüse im Wasser etwa 12 Minuten garen und anschließend, diesmal ohne die Blumenkohlblätter, mit etwas Wasser zum Pürieren in einen Mixer geben.

Die Blätter kleinschneiden und alles zum Aufkochen zurück in den Topf. Die Butter, den Sauerrahm, die Gewürze und Kräuter zugeben und verrühren. — Guten Appetit!

P. S. Suppen haben den Vorteil, dass man immer die Gemüsereste vom Vortag mit verwenden kann, ohne dass sie aufgewärmt schmecken.

Soßen

Salatsoße mit Zitrone:

3 EL Wasser	1 TL Honig
3 EL natives Pflanzenöl	1 EL gehackte Kräuter: Minze, Zitronenmelisse, Basilikum,
3 EL Zitrussaft mit geriebener Schale	1 MS schwarzer Pfeffer

Alle Zutaten gründlich mit einer Gabel oder Mixstab verrühren. Passt zu Tomaten oder Gurkensalat.

Salatsoße mit Sahne:

50 ml Sauerrahm	1 EL gehackte Kräuter: Dill, Schnittlauch, Petersilie
50 ml Schlagsahne	
3 EL natives Pflanzenöl	1 MS weißer Pfeffer

Alle Zutaten gründlich mit einer Gabel oder Mixstab verrühren. Passt zu Blattsalaten oder mit 100 g Rucola als Beilagensalat.

Schlusswort:

Vielen Dank, dass Sie dieses Buch bis hierher gelesen haben.

Vielleicht können Sie jetzt besser unterscheiden, welche Ernährungsempfehlungen wirklich der Gesundheit dienlich sind und welche die Menschen bewusst krank halten, um nur die Profitgier der Konzerne befriedigen.

Wenn Ihnen mein Buch gefallen hat, empfehlen Sie es bitte weiter. Nicht, damit ich mehr verdiene, was mich natürlich freut, sondern um die Gesundheit in der Bevölkerung voranzutreiben. Mit der richtigen Ernährung werden Krankheiten verhindert und viele unnötige Operationen vermieden. Helfen Sie, die Kosten im Gesundheitswesen zu senken, damit Gesundheit auch in der Zukunft bezahlbar bleibt.

i want morebooks!

Buy your books fast and straightforward online - at one of world's fastest growing online book stores! Environmentally sound due to Print-on-Demand technologies.

Buy your books online at
www.get-morebooks.com

Kaufen Sie Ihre Bücher schnell und unkompliziert online – auf einer der am schnellsten wachsenden Buchhandelsplattformen weltweit! Dank Print-On-Demand umwelt- und ressourcenschonend produziert.

Bücher schneller online kaufen
www.morebooks.de

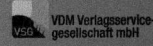

VDM Verlagsservicegesellschaft mbH
Heinrich-Böcking-Str. 6-8   Telefon: +49 681 3720 174   info@vdm-vsg.de
D - 66121 Saarbrücken   Telefax: +49 681 3720 1749   www.vdm-vsg.de

Printed by Books on Demand GmbH, Norderstedt / Germany